「国語」と出会いなおす

矢野利裕

Toshihiro Yano

フィルムアート社

「国語」と出会いなおす——目次

はじめに

「文学」とはなにか

いまこれを読んでいる人は、「文学」と聞いてどのようなものをイメージするでしょうか。

あまり小説などを読み慣れていない人に「文学」のイメージをたずねたら、「難しそう」とか「真面目そう」といった答えが返ってきそうな気がします。実際、わたしが以前、中学生から大人までを対象に「文学とはなんだと思いますか？」「文学に対してどのようなイメージがありますか？」というアンケートをおこなったさいには、多くの人が「難しそう」と答えていました。

このアンケートは個人的な興味でおこなった程度のものだったのですが、少し興味深いこともありました。それは、多くの人が「国語で文学を習った」「文学は国語の教科書に載っている作品」といったように「文学」と「国語」を結びつけて答えていたことです。なかには、「難しそう」と組み合わせたような「文学は国語が難しくなったものだと思う」という声もありました。

いまから考えると不思議なことはなにもないのですが、そのときは「なるほど、多くの人にとって「文学」は「国語」の延長にあるものなのか」と、妙に感心してしまったことを覚えています。というのも「文学」のファンのなかには、「文学」と「国語」はまるで異なるものだと考える人がけっこういるからです。わたし自身もそのようなところがありました。いわゆる「文学好き」は「文学好き」がゆえに、しばしば「国語」の授業の退屈さを語ります。そんな「文学好き」からしたら、「文学」と「国語」が同一視されることには大きな違和感があるでしょう。

では、「文学」の愛好家は「文学」という言葉に対してどのようなイメージをもつのでしょうか。少しだけ「国語」から離れて、「文学」ファンにとって「文学」とはどのようなものか、ということを出発点に「文学」について考えてみましょう。

「文学」と聞いてすぐに『文學界』『群像』『すばる』『新潮』『文藝』といった文芸誌を想起する人は、けっこうな「文学」ファンなのだろうと想像します。これらに加えて、『早稲田文学』『三田文学』あるいは『ことばと』『スピン』『GOAT』といった文芸誌の存在をも思い浮かべる人がいるとすれば、これはもうそうとうな「文学」通だと言えるでしょう。

また、これら文芸誌の名前や存在を知らなくとも、年2回の芥川賞・直木賞の存在ならば知っている、という人もいるかもしれません。芥川賞は「文学」作品に与えられる賞で直木賞はエンターテインメント作品に与えられる賞ということになっています。芥川賞の候補作は上記文芸誌から選ばれることが基本です。

したがって、年2回の芥川賞・直木賞の盛り上がりを横目にしつつ、直木賞ではなく芥川賞のほうをなんとなく「文学」だと思っている人がいるならば、その人は「文学」という言葉が抱える独特なニュアンスを感じ取っていると言えます。

とはいえ、この「文学」の独特なニュアンスを説明するのは、なかなか難しいことです。この独特なニュアンスをさらに前面に打ち出したものとして、「純文学」という言いかたもあります。文芸誌は「純文学」誌と言われ、芥川賞の対象となるのも「純文学」の作品とされています。

芥川賞と直木賞を比較したさいにしばしば言われるのは、芥川賞のほうが「難解」「堅苦しい」ということです。わたし自身、知人から「芥川賞より直木賞のほうが読みやすいから、直木賞はけっこう読んでいるんだよね」と言われた経験があります。その人は、とくに「文学」という言葉を意識していないわけではないようでした。

だとすれば、やはり「文学」という言葉をそれほど意識していなくとも、芥川賞と直木賞とのあいだになにかしらのイメージの違いを見出している人も少なからずいそうです。もっとも、そんなことを言っていると、芥川賞候補になったあとに直木賞を受賞した角田光代《かくたみつよ》や車谷長吉《くるまたにちょうきつ》といった作家の存在に思いいたり、また混乱してしまうわけですが。

読者の了解をはみだす

わたしは現在、文芸誌やカルチャー誌などで批評文を執筆するかたわら、私立中高一貫校の専任教員として国語を教える、という生活を送っています。国語の教員免許を取得するために「文学」部に進学したこともあって、そのかぎりにおいては、わたしはいちおう以前から「文学」という言葉には慣れ親しんでいたと言えます。

しかし、中高生時代から日本の近代文学を読みふけっていたような「文学」部の友人と比べると、その知識と教養はいかにも浅く、とても「文学」青年と言えるようなタイプではないとも自覚していました。強いて言えば、文学作品よりも文芸評論のほうに夢中になったタイプです。とはいえ、文芸誌の末席で批評文を書く機会がある現在、「文学」業界に片足を突っ込んでいる立場と言えるのかもしれません。

そんなわたしが最初に「文学」の定義らしきものを目にしたのは、2000年代はじめ、当時ベストセラーとなっていた文芸批評家の福田和也による著書『作家の値うち』(飛鳥新社)においてでした。「現役主要作家の主要な入手可能作品」について次々に点数をつけていく、というこの大胆で挑発的な本の合間に挿入されたコラムには、次のように書かれています。

エンターテイメントにおいて、作家は読者がすでに抱いている既存の観念の枠内で思考し、作品は書かれる。その枠内において、人間性なり恋愛観なり世界観といったものは、いかに見事に、あるいはスリリングに書かれていても、読者の了解をはみだし、揺るがすことがない。

純文学の作家は、読者の通念に切り込み、それを揺らがせ、不安や危機感を植え付けようと

（「純文学とエンターテイメントはどう違うか」）

試みる。

「文学」をめぐってはさまざまな議論があります。たとえば、サルトルによる「文学の目的は、人間の自由に呼びかけ、彼らが人間の自由の支配を実現し維持することである」という「アンガジュマン」の議論も有名でしょう（J－P・サルトル『文学とは何か』加藤周一・海老坂武訳、人文書院）。このサルトルの議論にも依拠しながら文芸批評家の柄谷行人《からたにこうじん》が「近代文学の終り」を論じたことも、一部ではよく知られています。

そんなこともふまえたうえで、現代日本に流通する一般的な「文学」のニュアンスという点にかぎって言うなら、上記の福田の定義はそのニュアンスをうまく表現している、と個人的に思っています。

実際、「文学」に対して「難解」「堅苦しい」というイメージがあるとすれば、それは、「文学」が「読者の了解」や「読者の通念」を必ずしも念頭に置いていないからでしょう。いや、念頭に置かないどころか、それらを積極的に遠ざけ裏切ろうとするのだから、「文学」が「難解」となるのはなかば必然と言えます。

日頃から文芸誌をチェックしているような「文学」ファンから「文学ってなんか難しそう」と思っている人。あるいはさらにその手前で、「文学」という言葉は意識しておらずとも「芥川賞の作品より直木賞の作品のほうが読みやすい」といった印象をもっている人。これらの人たちはいずれも、肯定的であれ否定的であれ、かつて福田和也が提示したような「文学」像をそれとなく共有していると言えます。

ブックオフにとって「文学」とはなにか

ここまでは、比較的「文学」というものに馴染みがある側の話でした。では、少し違う角度から「文学」について考えてみます。もう少しだけ昔話にお付き合いください。

大学の文学部に進学したわたしは、当時郊外を中心にどんどん店舗数を増やしていたリサイクルショップ系の古本屋、ブックオフでアルバイトを始めました。ブックオフでは、目利きの店主が古書の価値を査定するといったそれまでの古書店のイメージはまったくなく、とにかくマニュアルに従って本を買い取り、店頭に並べていく作業が求められました。

当時ブックオフでは、店頭に並べた時期に応じてラベルが色分けされており、3か月〜半年くらい売れずに残っているとどんな本でも100円の棚に落ちていく、という仕組みが採用されていました。昔ながらの古書店のイメージしか抱いていなかったわたしは、本に対する知識がなくても効率的に商品がまわっていくこのシステムに対して、複雑な気持ちを抱くと同時におおいに感心してしまったことを覚えています。このブックオフという店で、わたしは「文学」という言葉に出会いなおすことになります。

大量の買取をまえにしたアルバイトがすべきことは、まずは本の分類作業です。アルバイトは、お店の仕入れ状況に応じて「今日は雑誌を重点的に」「この時間はマンガの人数を多めに」といった具合にそれぞれの作業場に振り分けられ、そこで本の分類作業をおこないます。活字の本の作業場に振られたアルバイトは、目のまえの本の数々を単行本と文庫に分けることになります。そして、単行本と文庫に分けて積んだのち、それらを「文学」と「ハウツー」というかたちに二分するのです。

といっても、いちいち中身を読んで確認している時間はありません。アルバイトたちが注目するのは、本の裏表紙に記載された分類コードのみです。たとえば、「Ｃ０１９３」であれば文庫版の小説、「Ｃ００９５」ならば単行本のエッセイとなるわけですが、わたしたちはそのような本の裏表紙に記載された番号のみを確認しながら、下2ケタが90番台ならば「文学」、そうでないならば「ハウツー」といったかたちで機械的に分類していきます。

ここで重要なことは、ブックオフにおいて「文学」という言葉は、分類コードの下2ケタが90番台のものを意味する、ということです。当たりまえのことを言っているようですが、アルバイトとして入ったばかりのわたしは、このことがとても印象的でした。だって、勤務中の作業においては、小説もエッセイもまとめて「文学」という言葉で処理されることになるのですから。ましてや、純文学とエンタメ小説の区別などされようはずもありません。

わたしが勤めていたとき、同僚のアルバイトたちは必ずしも活字の本が好きなタイプではありませんでした。いちおうひとりだけ東野圭吾が好きだというひとつ年上のWさんという人がおり、W

さんとわたしが、いちおうその店における「文学」に強い人という扱いになっていました。

「文学の仕事」？

思い出すのは、アルバイトを始めたばかりのころ、わたしが文学部に在籍していて小説も読むらしいということを知った社員のかた（この人は、マンガが好きで小説はあまり読まない、と言っていた）が、Wさんに「矢野さんは文学を読むんだってさ。Wくんも文学けっこう好きだよね。Wくん、矢野さんと一緒に文学の仕事に入ってくれない」と言っていたこと。漠然と文芸批評なんかも書きたいなと思っていたわたしは、この「文学の仕事」という言葉に特別な響きを感じていましたが、ここで言われている「文学の仕事」というのはもちろん、分類コード90番台の本たちを小説とエッセイに分ける作業のことです。

すでに福田和也『作家の値うち』を読んで「文学」という言葉に独特なニュアンスを感じ取っていたわたしにとって、この社員さんによる「文学」という言葉の使いかたはとても奇妙なものでした。「文学を読む」という表現もなんだか可笑しいし。ついでに言えば、東野圭吾が好きだというWさんの小説の好みも、当時のわたしからすればとうてい「文学」的なものとは思えませんでした。

このようにブックオフにおいては、純文学系からエンタメ系まで含めた小説全般およびエッセイを指して「文学」と呼んでおり、わたしはそこで言われる「文学」という言葉に最後まで違和感を抱き続けていました。自分なりに「文学」や文芸批評に夢中になっていた時期でもあり、あまり本を読んでいない社員やアルバイトたちが、たいした考えもなく「文学」という言葉を使っていることに対して苛立っていたところもあったかもしれません。

しかし考えてみれば、ブックオフの同僚たちは分類コードに則って「文学」という言葉を使っていたのであって、その意味では、別に彼らが間違っているわけではありません。むしろ、文芸誌や文芸批評を盾にしながら「文学」という言葉に過剰な意味を込めているわたしのほうこそ、「文学」という言葉の領域を狭めている可能性だってあります。

活字の本に馴染みのない人がいるとして、その人にとっては、それがどんな雑誌に載っていようが、その作者が東野圭吾だろうが夏目漱石だろうが、そんなことはあまり重要なことではないかもしれません。物語のかたちをしているのならば、それはその人にとって「文学」にほかならないのです。少なくとも、わたしがアルバイトをしていたブックオフでは、「文学」という言葉はそのように使われていました（ブックオフにおいては、詩歌は「文学」とは別ジャンルになります）。

「文学／国語」の再設定

本書は、「文学」と「国語」についての本です。いわゆる「文芸批評」のように「文学」の精神や意義を追求するものではありません。すなわち、福田和也が提示したような「文学」について考えるものではありません。また、わたしのなかにいちおう醸成されている「文学」観を披歴《ひれき》するものでもありません。

本書における「文学」は、もっと軽薄な立場まで含めたありかたを指しています。それはたとえば、ブックオフで出会った「文学」のありかたであり、中学生がアンケートで答えた「文学」のありかたです。つまり本書は、小説や詩といった言語表現に必ずしも慣れ親しんでいない人も含めたかたちで「文学」について考えるものです。

このように「文学」を捉え返したとき、学校教育における「国語」が重要なものとして見出されます。なぜなら、そもそも「文学」という言葉が、その内実はさまざまながらもいちおう広く使用されているのは、「国語」が「文学」を扱っているからです。活字の本が好きでないブックオフの店員も、小説を読むのが苦手な中学生も、同じように「国語」を通じて「文学」のイメージを形成しているのです。本書においては、その事実をなにより重視したいと思います。それは、ロマンティックかつストイックに「文学とはなにか」を追求するたぐいの「文芸批評」が見過ごしがちな視点です。

これを読んでいる人のなかには「国語の授業は得意だったけど、文学のことはよくわからない」という人がいるかもしれません。あるいは「小説を読むのは好きだけど、国語の授業は好きでなかった」という人もいるかもしれません。しかし、いつまでもそのように「文学」と「国語」とを切り離しておくことはないでしょう。

本書の立場からしたら、「文学」について考えるためには「国語」と向き合う必要があります。「文学」ファンは「文学」と「国語」とを切り離して考えてしまいがちですが、多くの人にとって「文学」は「国語」の延長にあるのです。したがってここで問うべきは、「国語にとって文学とはなにか」あるいは「文学にとって国語とはなにか」ということでしょう。

本書は、このような問いを通して「文学／国語」のありかたを再設定することを目指します。それは「文学」的でありつつ「国語」的な、あるいは「国語」的でありつつ「文学」な——つまりは「文学／国語」の双方が、それぞれに手を取り合うありかたにほかなりません。

みんなが少なからずどこかで、というか多くの人が「国語」の教科書で一度は読んだはずの「文学」を、人によってはきれいさっぱりと忘れてしまった「文学」を、ふたたび現在の視点から考えたいと思います。本書を読むことが、かつて目のまえを通り過ぎてしまった「国語」との新鮮な出会いなおしになることを願って。

「国語」と出会いなおす

第1章
国語は文学をわかってない!?

「国語」と「文学」との相性の悪さ

国語の教科書を無作為に眺めてみると、「近現代文学史」「戦争と文学」「古典文学」「日本最初の日記文学」「文学的な表現」などといったかたちで、「文学」という言葉をいくつも見つけることができます。実際の授業においても、たとえば現代文であれば、夏目漱石や太宰治といった作家の作品を授業で読みつつ、補足情報的にそれらの「文学史」的な位置づけを確認する、ということはしばしばおこなわれているでしょう。したがって、国語においては、文芸誌のように「文学とはなにか」と真正面から問わないまでも、なんとなく「文学」というものが中心あたりに位置している、という程度の存在感はあると言えます。

国語における「文学」については、近年とくに議論が盛り上がっていました。というのも、2022年度から高等学校に導入された新学習指導要領において、新たに「文学国語」という科目が設置されたからです。

もっとも、この学習指導要領改訂によって国語における「文学」の存在感が強くなるかどうかはわかりません。学習指導要領改訂にあたっては、選択科目となった「文学国語」はむしろその存在感を弱めるのではないか、という懸念もあります。たとえば教育学者の齋藤孝は、「大学入試や単位システムの問題から、ほとんどの生徒が文学国語を取らず、論理国語のみを学ぶことになるのではないか、と予想されています」(「教育は「文化遺産」の継承」『文學界』２０１９年9月号)と述べていました。いまのところ斎藤が指摘するような状況は聞きませんが、注視したいところではあります。

「文学国語」については後述するとして、そのまえに考えたいのは、学校教育における「国語」と「文学」との相性の悪さについてです。ここで言う「文学」とは、福田和也が述べたような「読者の通念」を揺るがすことを期待された「文学」のことを指しています。文芸誌的な「文学」の価値観というのは、どうも「国語」と相容れない感じがします。

このことは当然と言えば当然です。社会的な「通念」を教え、身につけさせるのが学校という場所であるならば、それは「文学」と相性が良いわけありません。まさに学校で教わってくるような良識や常識といった「通念」を揺るがそうとするものが、「文学」にほかならないからです。

実際、このような「文学」のラディカルな自由さを強調するさいに国語教育を引き合いに出す、といったことはしばしば見られることです。たとえば、小説家の磯﨑憲一郎《いそざきけんいちろう》は次のようなことを述べています。

小説というのは、同じ文字で書いてあるけれども新聞とか論説文の仲間ではなくて、絵とか音楽の仲間なんですよ。小説は、論理とか、差異の体系であるところの言語におさまり切らないものを言葉というものを使ってあらわしている芸術だから、まさしくそこを描かないといけないんですよ。(…)みんなそこのところを間違えていて、いまだに傍線部の作者の意図を書きなさいという問題が中学、高校の現代文のテストには出るわけです。作者の意図なんて、作者だってわからないのだから、そこを設問にしてはいけないんです。

(磯﨑憲一郎・中島岳志「「与格」がもたらした小説」『群像』2017年11月号)

磯﨑自身は「文学」という言葉を使うことはしませんが、芥川賞作家でもある磯﨑の作風や考えが「純文学」的であることは間違いないでしょう。その磯﨑は、「芸術」の仲間であるところの「小説」を擁護《ようご》するかたちで、「中学、高校の現代文のテスト」について批判的に言及しています。

まず注意しなくてはいけないのは、小説読解の「テスト」において、磯﨑が指摘しているような「作者の意図」を答えさせるような設問は存在しない、ということです(評論においては、「筆者」というかたちで書き手の主体を想定することが多いです。とはいえ、それとて実体の作者を指しているわけではありません)。むしろ、作品の一部を抜粋することの多い「テスト」においては、本文は「作者」から切り離され、あくまで問題文に示された情報のみで読解することが求められます。

磯﨑の発言は「国語」のテストにまつわるよくある誤解ではあるのですが、ほかならぬ『群像』という文芸誌上でこのような発言がされる点は興味深くもあります。というのも、ここには「国語」を実体以上に低く見積もってしまっている「文学」側の態度がうかがえるからです。

内容的にも形式的にも「読者の通念」を揺るがすことを期待される「文学」という磁場においては、学校教育はなにより対決すべき相手なのかもしれません。批判ありきの意見というのは、おうおうにして批判相手を低く見積もるものです。だとすれば、「文学」が「国語」と対立するという図式は、ほとんど共通前提として抱かれているものかもしれません。国語教育と文芸批評の両方にたずさわっていると、そのようなことをしばしば思います。「文学」側による「国語」批判について、もう少し考えてみましょう。

「文学国語」と「論理国語」

比較的最近の「国語」批判と言えば、2017年・2018年に公表された新学習指導要領をめぐる議論が記憶に新しいところです。国語における新学習指導要領の概要と問題点については、文学研究者の紅野《こうの》謙介《けんすけ》による『国語教育の危機』『国語教育 混迷する改革』（ともに、ちくま新書）がコンパクトに整理しているので、基礎文献としておすすめです。大学入試改革と一体となったこの学習指導要領改訂についてはさまざまな論点があるのですが、ここでは「文学」の名を冠した「文学国語」について触れたいと思います。

さきほども述べたとおり、「文学国語」とは高校国語における選択科目のひとつです。その内容については、『高等学校学習指導要領（平成30年告示）解説 国語編』で次のように説明されています。

選択科目「文学国語」は、小説、随筆、詩歌、脚本等に描かれた人物の心情や情景、表現の仕方等を読み味わい評価するとともに、それらの創作に関わる能力を育成する科目として、主として「思考力・判断力・表現力等」の感性・情緒の側面の力を育成する。

いかがでしょうか。これだけ読んでも正直あまりイメージできませんが、ポイントは末尾の「感性・情緒の側面の力を育成する」の部分だと思います。というのも、「文学国語」と対比的に位置づけられる「論理国語」の説明においては、同じ位置に「創造的・論理的思考の側面の力を育成する」と書かれているからです。

このように「文学国語」における「文学」について説明するさいには、対立項として「論理」という言葉がもち出されることになります。実際の『文学国語』の教科書にも、次のような説明を見つけることができます。

論理的な文章は、情報を正確に伝えたり、考えを正確に説明したりするものである。一方、文学的な文章では、必ずしもすべての要素を論理的に説明する必要はない。むしろ、書かれていない要素こそが重要な意味を持つこともある。修飾や文体、構成の工夫が、文学的な情趣を作り出す、研ぎ澄まされた描写から、読者を共感に導いたり、感動を伝え、深い「味わい」をもたらしたりするのが文学的な文章だと言えるだろう。

（「文学とはなにか」『文学国語（令和5〜8年度用）』大修館書店）

ここに書かれている「文学的」とはいったいなんでしょうか。「情趣」「共感」「感動」「味わい」といったものがキーワードになっており、これが学習指導要領における「感性・情緒の側面」に対応しているのはわかります。実際、小説や詩歌がそのような性質を備えているのも間違っていないでしょう。

一方、そのような性質は「純文学」以外のエンタメ小説にも当てはまりそうです。だとすれば、ここで言われている「文学」は、福田和也が唱えたような「通念」を揺るがすありかたとも異なるでしょう。読者の「共感」や「感動」こそ、なにより「通念」に寄りかかったものなのですから。

ようするに、ここで見出されている「文学」とは、「論理」という言葉から逆照射したかたちで定義された、つまりは非 - 論理的な側面が見出された「文学」にほかならないのです。だから、「文学国語」においては「情趣」「味わい」といった「感性・情緒の側面」が強調されることになります。

「文学」に論理はないのか

しかし、このように「論理国語」から逆照射するかたちで「文学」が定義づけられると、個人的には違和感を覚えます。というのも、たとえば小説のような物語作品には、作品内に論理性が抱えられているのが普通だからです。

このことは、作家の阿刀田高《あとうだたかし》も指摘しています。阿刀田は、「そもそも、国語を「論理国語」と「文学国語」に分けようとすること自体、強引な理屈です。文学は論理ではないのでしょうか」と問いかけつつ、「文学の名作とは、経験から得られる論理を描いている作品のことなのです」と指摘しています（「作家・阿刀田高の苦言　高校国語から文学の灯が消える」『文藝春秋』2019年1月）。

さらに言うなら、文芸評論家の伊藤氏貴《いとうじたか》も、作家の小川洋子との対談のなかで次のように述べています。

そういう（「論理国語」／「文学国語」という――引用者注）分け方をするということは、文学に論理がないと言っているようなものです。しかし、文学作品を読むにもやっぱり論理性が必要で、この作品が好きだと他人に説明するときにも、論理的に語る必要があります。
（「変わる高校国語、なくなる文学――内田樹、小川洋子、茂木健一郎に訊く」『すばる』2019年7月号）

伊藤が指摘するように、文学研究や小説読解というのはむしろ、その作品世界を論理的なかたちで再提示するいとなみです。「文学国語」における「文学」の定義は、「論理」と対立させるがあまり「文学」を「味わい」というブラックボックスに詰め込んでおり、「文学」作品の論理性を捨象しているのです。この点、強い違和感を覚えます。

ただしここには、従来の国語で小説を扱うときに「感性・情緒の側面」ばかり強調していた、という経緯もありそうです。伊藤は別のところで、「教科書の国語や文学教材を読む際に、感覚的な読み方、一言で言えば、「鑑賞」になっている側面があり、そこを批判されるのは仕方ないかなとも同時に思います」と述べています（「現役高校教師座談会　「文学」で「論理」は十分学べる」『文學界』2019年9月）。この見方に沿えば、「鑑賞」一辺倒にならないように「論理国語」を別建てで設置したのだ、ということになります。

とはいえ、これも伊藤が指摘しているとおり、だからと言って「文学作品を通じた論理思考というのを一切無視して、論理的な文章だけで論理力を鍛える」というのは、やはり飛躍しています。もし、文学教材に対する「鑑賞」一辺倒を反省するというならば、やはり「文学作品を通じた論理思考」を模索する、という道もありえたのではないでしょうか。個人的には、そちらの道のほうが重要だと思っています。

このように「論理国語」と対比的に設定された「文学国語」においては、「文学」を「論理」的に捉える、という水準がなかば必然的に抜け落ちてしまうのです。

「国語」に「文学」は必要か

さて、このたびの学習指導要領改訂に対しては、「文学」側からもいくつかの批判が示されました。この問題について積極的に発言をしている紅野謙介の整理を引用します。

文芸評論家の伊藤氏貴さんはまず『文藝春秋』に「高校国語から「文学」が消える」（二〇一八年一一月）という短いエッセイを書かれました。ついで日本ペンクラブの元会長である作家の阿刀田高さんが同じ『文藝春秋』で「高校国語から文学の灯が消える」（二〇一九年一月）との声を上げました。すぐに続いて日本文藝家協会が、二〇一九年一月に「高校・大学接続「国語」改革についての声明」を発表しました。いずれも高校の「国語」や入試問題の改革において、「実学が重視され小説が軽視される、近代文学を扱う時間が減る」として、批判の声をあげたのです。

（『国語教育——混迷する改革』ちくま新書）

注目したいのは、今回の学習指導要領改訂に対する「文学」側からの批判がいずれも、「国語」という教科は「文学」を軽視している、という点に向いていることです。

もっとも、「文学国語」という科目の設置がある以上、形式的には、「文学」は軽視されていないのだ、と主張することもできるでしょう。実際、文科省はそのような発言をしています。ただ、「文学」系が選択科目として隔離されたうえに全体的に「実用文」（契約書や例規集など）の読解が重視された新学習指導要領は、批判派からすれば「文学」軽視にほかなりません。新たな学習指導要領がどのように作用するかはまだわからないところもありますが、こうした批判的な懸念が出たこと自体は意義深いことでしょう。

他方、そのうえで少し気になることもあります。というのも、ちょうどわたしが教職課程を取っていた２０００年代前半の時期においてはむしろ、「文学」側においてこそ、国語なんかで「文学」は扱うものではない、という論調が強かったからです。

『文學界』の国語教科書特集

わたしの手元には、２００２年5月号の『文學界』があります。特集は「漱石・鷗外の消えた「国語」教科書」というものです。「ゆとり教育」という言葉も喧伝《けんでん》された当時、定番教材として長らく君臨していた夏目漱石と森鷗外というビッグネームが小中学校の教科書に採択されなくなったらしい、という世間の盛り上がりを受けて組まれた特集です。ただし、実際にはそれ以前から中学教科書には漱石も鷗外もほとんど採択されていないので、これは実際にはフェイクニュースと言っていいものでした。

そんなフェイクニュースを受けての特集ですが、そのメイン企画は、小説家・文芸評論家・文学研究者をはじめとする文筆家49人に実施した「現行の「国語」教科書をどう思うか？」というアンケートでした。特集自体はともかく、このアンケート自体は現在読むとなかなか興味深いものになっています。詳しく見てみましょう。

アンケートの回答欄にはさまざまな意見が並んでいましたが、全体としては「国語」および「国語」教科書に対して批判的なトーンが強いです。本書の議論からしたとき、とくに興味深かったのは、「①学生時代、教科書で読んで印象深かった作品をあげて下さい。また教科書による文学開眼の経験がありましたら記して下さい」に対する答えでした。①に対する否定的な答えをピックアップしたいと思います（各執筆者の肩書きは掲載誌のままとします）。

河野多恵子（作家）

①小学校・旧制高等学校の教科書による文学開眼の経験は思い出せません。

小林信彦（作家）

①永井荷風の「狐」が印象深かった。〈文学開眼〉などありません。それは教科書とは別の問題でしょう。

金井美恵子（作家）

①ありません。

橋本治（作家）

①まったくありません。嫌悪ならあります。

田辺聖子（作家）

①国木田独歩の「武蔵野」でした。／教科書は総体に無味乾燥で早熟な文学少女の私はバカにしてました。

武藤康史（評論家）

①小・中・高を通じ、国語の教科書は手に入れたその日にすぐ通読したが、程度の低い雑文集をマア読んでやるかという姿勢で読んだのであって、感銘を受けたおぼえはない。

林望（作家・書誌学者）

①若杉慧『野の仏』（写真入り随筆）。教科書による文学開眼などはあり得ない。

玄侑宗久（作家）

①太宰治「走れメロス」、小林秀雄「無常ということ」／どんな素晴らしい作品でも、それを読んで文学として味わうためには、教えるという行為が邪魔だったような気がします。

沓掛良彦（東京外国語大学教授／西洋古典学）

①中島敦『山月記』。小学生の頃から永井荷風を読んでいたひねこびた文学ガキだったので、国語教科書から文学について何かを教えられた経験はありません。

否定的な意見を並べてみると、少なからず「文学」という言葉を盾にするかたちで、「国語」教科書を批判する図式があることがわかります。

さらに直接的なものを挙げてみると、「文学的表現は教え得るものではない」（谷沢永一）、「国語教科書に載っている文章に対しては、それだけで馬鹿にしていたので、何を載せたらいい、ということは思いつきません」（金井美恵子）、「人生を教えない学校で文学を教えたってしょうがないでしょう」（橋本治）、「どんなに面白い文学作品でも、教科書にとりあげられるとたんにつまらなくなる」（沼野充義）、「文学は個人的な体験で、教育することは難しいと思います」（田口ランディ）、「読後に漂う残り香のようなものが文学性だとすれば、そうした言葉にならない全体的な印象を、分析によって掻き消していく面が国語教育にはあるように思えます」（玄侑宗久《げんゆうそうきゅう》）といった意見があります。

ようするに、「文学」的な体験というのはそもそも教育できるものではないのだから「国語」の枠内で「文学」のことを考えたって仕方がない、という態度です。通読すると感じられるかと思いますが、このような「国語」なんかに「文学」を求めても仕方ないという雰囲気は、アンケート全体を覆っている印象です。というか、個人的には、2000年前半はそのような意見が先端的なものとして受け入れられていたと記憶しています。

20年早い「論理国語」論!?

そうなると、論理的必然と言うべきか、次のような主張が導かれることになります。ふたたびアンケートに目を向けてみましょう。

谷沢永一（関西大学名誉教授／評論家）

文学的表現は教え得るものではない。教えるべきは論理的表現である。文学教育なんてフザケタものはありえない。

四方田犬彦（明治学院大学教授／芸術学・映画史）

文学云々より以前に、人前で筋道立って論理的に話すことのできる訓練をすべきです。

桶谷秀昭（文芸評論家）

「文学的な文章」を減らすことに反対しません。軽薄に「文学づいた」教科書が文学離れを惹き起してゐるからです。

車谷長吉（作家）

学校では文学教育を止めて、国語力教育に徹していただきたい。

沼野充義（東京大学文学部助教授／ロシア・ポーランド文学）

一つは、過度に「文学趣味的」（「文学的」ではなく）な国語教育は排して、日本語の読み書きの技能をきちんと教えるべきだということ。

阿刀田高（作家）

義務教育としての国語が文学的であることの是非は、熟慮を要します。文学的というより、いろいろな日本語文をよく理解し、情況に応じて正しく美しく使えることが肝要でしょう。電話ひとつ、手紙一本満足に対処できないのは文学とはべつの問題でしょう。

引用部に挙げた回答者たちはいずれも、「文学」に強い信念を抱くがゆえにこそ、「文学」を「国語」として教えることに葛藤なり抵抗なりを示しています。ここで興味深いのは、そんな「文学」派こそが、「国語」においては「文学」より「論理」を教えるべきだと主張している、ということです。

この主張が、このたびの新学習指導要領と一致していることは言うまでもありません。2000年代前半においては、「文学国語」と「論理国語」を別建てにする発想は、むしろ「文学」側の主張として見られたものなのです。その背景に存在するのは、「文学」は「国語」で教えられるものではない、という「文学」に対するある種の信念です。

ちなみに補足しておくと、回答者のひとりである評論家の宮崎哲弥は、「文学」に対する信念とは異なる観点から「文学」の「国語」からの切り離しを提言しています。宮崎は、「あるテクストが教材になる場合、その内容を吟味させたいのか、その（国語）表現を学ばせたいのかよくわからなかった」という自身の経験を根拠にするかたちで、そのような「混乱を避けるのなら、国語教育と文学教育は明確に分けるべきだろう」と主張します。

また同特集において、文芸評論家の小谷野敦が「日本語教育と文学教育はとりあえず別物だ」と述べつつ、「現在の日本語教育には、論理を教えようとする姿勢が乏しい」と批判している（「恋愛と論理なき国語教育」『文學界』2002年5月号）ことも付け加えておきます。

このような「文学」界隈の時流も背景に感じさせつつ、2005年、文学研究者の石原千秋がより具体的なかたちで「新しい科目の立ち上げ」を提案しました。

一つは、まず文章や図や表から、できる限りニュートラルな「情報」だけを読み取り、それをできる限りニュートラルに記述する能力を育て、さらにその「情報」の意味について考え、そのことに関して意見表明できる能力を育てる「リテラシー」という科目を立ち上げることである。（…）

もう一つは、文学的文章をできる限り「批評」的に読み、自分の「読み」をきちんと記述できるような能力を育てる「文学」という科目を立ち上げることである。

（『国語教科書の思想』ちくま新書）

引用部を読むかぎり、石原による「リテラシー」「文学」というふたつの科目の提案は、そのまま「論理国語」「文学国語」に当てはまりそうです。もっとも、国語教育の研究者でもある石原の提案の背景には、「国語」が実際には「道徳」化している、という問題意識もあり、細かい部分においては新学習指導要領と異なるところもあるでしょう。

実際、石原自身も大学入学共通テストについて、「新テストでは、役所が作成したとされる文書を読ませて記述で解答させるのだが、それに批判は許されない。〈お上の言うことは正しい〉という大前提で解答しなければならないのだ。これはもう道徳教育どころではない」と痛烈に批判しています（「文芸時評 10月号」『産経新聞』２０１８年９月30日）。

石原にしてもアンケートの回答者たちにしても、新学習指導要領の内容に全面的に賛成ということではないのかもしれません。しかし、アンケート回答者たちは少なくとも、「論理国語」「文学国語」に切り分け「文学」に制限を加える、という新学習指導要領の大枠の方針に関しては賛成する立場に見えます。そうであれば、新学習指導要領について、大枠は認めるが細部に異論がある、といったかたちでの改良的な提案があってもおかしくはないのですが、「文学」側からのそのような意見は管見のかぎり見当たりませんでした（改良的な提案という意味では、紅野謙介のみがこの立場を引き受けていると言えるでしょう）。

それどころか、このたび「文学」側から出た意見は、すでに確認したとおり、「国語」という教科が「文学」を軽視している、というものでした。

なかでも阿刀田高は、2002年の時点では「文学的というより、いろいろな日本語文をよく理解し、情況に応じて正しく美しく使えることが肝要でしょう。電話ひとつ、手紙一本満足に対処できないのは文学とはべつの問題でしょう」と、実用文の教育必要性を示唆していたにもかかわらず、2019年になるとまさにこの阿刀田の意見に対応したとも取れる新学習指導要領に対して、一転して次のように述べることになります。

新指導要領や大学入学共通テストのプレテスト問題を見ていると、効率やスピードを重視する現代には、小説をはじめとする文学的な文章は不要であると、文科省がお墨付きを与えているように感じられるのです。

果たして本当にそうでしょうか。文学はそんなに役立たずのものなのか、いちど立ち止まって考えていただきたいと思います。

（「作家・阿刀田高の苦言　高校国語から文学の灯が消える」）

「国語」において「文学」は必要だ、と主張する阿刀田の立場は、20年まえと比べるとほとんど正反対です。20年まえは「文学的というより、いろいろな日本語文をよく理解し、情況に応じて正しく使えることが肝要でしょう」と言っていたじゃないか！

このことをどう考えるべきでしょう。この20年のあいだに考えかたが変わったのかもしれませんが、それならば、立場転換の表明をその理由とともに示して欲しいところです。

「文学」対「国語」論争

阿刀田の批判をすることがここでの目的ではありません。考えたいのは、阿刀田において象徴的にあらわれているような「文学」側の態度変更がいかに起こっているか、ということです。

ちなみに新学習指導要領推進派でもある数学者の新井紀子も、「文学」側の態度変更を指摘していました。論争がなくなったと言われて久しいですが、２０１０年代末の一部論壇は、実は「文学／国語」論争の様相を呈していたのです。新井は、２００２年の『文學界』アンケートにおける金井美恵子と橋本治の発言（上記の引用部参照）に触れつつ、いまになって「文化人が新聞やネット上で、高校国語で「文学」を教える時間を死守すべしとの声を上げ始めた」ことについて皮肉まじりに言及します（『朝日新聞』２０１９年7月12日）。２００2年時点では「国語」における「文学」不要論があったのに「今やそんな余裕は失われた」のだろうか、という新学習指導要領批判派に対する批判です。物言いは意地悪ではありますが、当然なされるべき批判だと思います。そんな新井の意見に対しては、批判派の旗手である紅野謙介が次のように応答しています。

しかし、二〇〇二年の『文學界』の特集は、漱石や鷗外が教科書から消えると言われ、教材選択の偏りが誇大に唱えられたときに組まれたものである。今回のようにフィクションのすべてを囲い込み、定着していた評論類まで実用文を中心とした「国語」から外してしまう無理な改革とは大違いだ。

（「教科書の読めない学者たち」『文學界』２０１９年9月号）

２００2年における「誇大」広告を受けての特集と今回の指導要領改訂とでは想定されている事態が異なる、という反論です。

しかし、これは反論としては不十分でしょう。特集が「誇大」だったにしても、金井美恵子や橋本治をはじめ、アンケート回答者の一部は明確に「文学」教育不要論と取れる主張をしているのであって、その理屈は事態が異なるといえども変わらないはずです。だとすれば、新井の皮肉まじりの指摘については、もう少し粘り強く向き合う必要があります。

わたしの問題意識からしたら、「文学」側の態度変更は、新井が指摘するような「余裕が失われた」ことによるものだけではありません。そうではなくて、「文学」は「国語」と対立すべきなのだ、という「文学」をめぐる磁場のようなものが、各時代における「国語」との対決を要請していると考えるべきです。論者は各時代において、そのときどきのかたちでこの「文学」対「国語」という図式に乗っかっているのです。

阿刀田のことを例に取ってみましょう。２０１９年の阿刀田は、「国語」は「文学」の重要性をわかっていない、というかたちで「国語」を批判しています。他方、相対的に「文学」の重要性が認められる２００２年の「国語」に対しては、今度は、「国語」で扱われている「文学」は「文学」にあたいしない、というかたちで「国語」を批判しています。

どちらにも共通しているのは、「国語」は「文学」というものをわかっていない、というスタンスです。「国語」は「文学」をわかっていない、というスタンスをそのときどきの状況に当てはめるので、導かれる主張が微妙に異なるのです。

「文学」という磁場で醸成されるもの

まさにこのスタンスこそが「文学」という磁場で醸成されているものにほかなりません。小説家の磯崎憲一郎が同様のスタンスで「国語」批判をしていたのは、すでに見たとおりです。「国語」は「文学」というものをわかっていない、というスタンスを示すかぎりにおいて、2002年・2019年の阿刀田高も磯崎憲一郎も、それぞれ「文学」の磁場に身を置いていると言えます。

本書で紹介した福田和也の定義も含め、「文学」というのは抽象的な概念です。この「文学」の抽象的な性格が、その答えを確定させないままに「文学とは何か」という議論を活発化させます（同じことは「批評」という言葉にも言えるでしょう）。わたしの印象では、「文学」側による「国語」批判は、そんな「文学」の輪郭を自己確認するためになされているところがあります。論者の意図はそれぞれだとしても、「文学」側は、各時代における「国語」批判を通じて自己の輪郭を再確認しているのではないでしょうか。

ここまで、さまざまな論者を「文学」側として一緒くたに語ってきました。2000年代前半と現在では論者の顔ぶれもほとんど異なっているので、やや乱暴に映ったかもしれません。しかし大事なことは、ここまで見てきたような「国語」批判が、顔ぶれを変えながらも文芸誌という場所でおこなわれ続けている、ということです。

「国語」と「文学」の対立図式は、特定の誰かが意図的に作っているわけではありません。強いて言えば、文芸誌を中心とする「文学」の磁場が作っているものです。文芸誌で定期的に組まれる「国語」や「教育」に関する特集そのものが、その「文学」の磁場に沿うかたちで、「国語」や「教育」への批判を期待しているように思えます（2002年の『文學界』が用意したアンケートも、ある程度「国語」批判を期待しているように見えます）。そして「文学」側の論者は、意識的・無意識的にそのような期待に応えているように思えます。

誰が頼んでいるわけでもないが、多くの人が示し合わせたように「国語」批判をおこなってしまう。そのように発想してしまう。——このような特定の論者に還元されない力学こそ、ここで「文学」の磁場と呼んでいるものです（したがって『文學界』の2019年の国語教育特集は、「文学」の磁場を相対化するべく、自誌における2002年の国語教育特集を総括したうえでおこなうべきだったでしょう）。

「国語」批判派ではない人たち

2002年の『文學界』のアンケートをもう少しだけ見てみましょう。ここまで国語教育に対して批判的なものを中心に並べましたが、その批判の度合いは人それぞれです。「国語」そのものを頭から否定している人もいれば、現状に対する不満を表明しつつも「文学」教育に対する具体的な提案をしている人もいます（平野啓一郎）。あるいは、それほど「国語」教科書の批判はしておらずとも（役割を一定認めつつも）、「文学」と「国語」との対立図式自体は採用している、という人もいます（宮崎哲弥）。教科書ではなく教師のほうが要素としては大きいのだ、という意見も複数ありました（谷沢永一、勝又浩）。回答者のなかでも、国語教育に関する意見が一枚岩ではないことは強調しておきます。

とはいえ、執筆者の大部分が「文学」と「国語」を対立的に捉えていたことはたしかです。

他方、「文学」と「国語」を必ずしも対立的に捉えていない人たちもいました。山田太一（脚本家・作家）、加賀乙彦（作家）、安野光雅（画家）、松本徹（文芸評論家・作家）、鶴見俊輔（評論家）、綿矢《わたや》りさ（作家）、岩松了（劇作家・演出家）、新井満（作家）、柳田邦夫（ノンフィクション作家）といった面々です。彼らは、「文学」と「国語」を対立的に捉えない結果、相対的に「国語」教科書に対して肯定的に語っているように映ります。

このような相対的肯定派を並べたとき、肯定派が少数派であるということもさることながら、いわゆる「純文学」を主戦場にしていない人が肯定派に多いのが興味深いです。「文学」は「国語」と対立的である、という「文学」側の共通前提をふまえるならば、相対的肯定派とは、そのような「文学」の磁場にとらわれていない人である、と言うことができるでしょう。現在のわたしからしたら、ある意味わかりやすい批判派よりも、相対的肯定派の「文学」観のほうが気になるところです（とくに、芥川賞作家でもある綿矢りさの名前がここに並んでいることは、綿矢の特異性を物語っているようで興味深いです）。

あらためて確認すると、本書もまた文芸誌的な「文学」の磁場にとらわれないことを目指しているのでした。わたしとしては、文芸誌周辺で独特なニュアンスを帯びている「文学」という言葉をもう少し一般的な視野で捉え返してみたい、そのために、すっかり乖離《かいり》してしまっている文芸誌的な「文学」の概念と「国語」教育の議論を縫合したい、という気持ちがあります。

アンケート回答者のなかには、このような本書の問題意識に通ずることを述べている人もいました。たとえば、文芸評論家の川村湊《みなと》は「文学作品が読まれないのは、小・中・高での「国語教育」のせいだと考える人がいるが、もしそう考えるならば「文学教育」を教育者だけに任せずに文学者自身も責任を持たなければならない。理論的にも文学研究者、批評家が考える問題である」と述べています。

あるいは、国語教育にたずさわった経験もある文芸評論家の清水良典は、次のように述べます。

国語教師は必ずしも文学青年ではない。それどころか、長年現場の国語教師だった経験からいうと、ほとんどの国語教師は文学嫌い、読書嫌いである。その一方、作家や評論家たち物書きは、概して国語教育に無関心であるか軽蔑している。全国で数十万の教師と生徒の集団を、サイレント・マジョリティーの読者として自覚している書き手はほとんどいない（詩人は比較的関心を持っている）。それに危機感をもちコミットを試みることの方が先決である。

清水の指摘は、当該アンケート企画自体に対してメタ的に言及しているようにすら思えます。アンケート回答者の多くは、まさに清水の指摘通り、「概して国語教育に無関心であるか軽蔑してい」ます。その意味では、結果的に「文学」と「国語」の関係をもっともクリティカルに示した回答だったと言えるでしょう。

文芸誌的な「文学」の磁場にとらわれないようにするという本書の立場は、清水が言うところの

「サイレント・マジョリティー」を念頭に置くということです。それはたとえば、わたしがブックオフで出会ったような人たちのような、必ずしも小説や詩歌といった「文学」に慣れ親しんでおらず、純文学とエンタメの違いなど意識していない人たちのことです。

学校の外で「文学」に出会うことはできるか

さて「国語」批判派の回答には、「文学」は学校の外で触れるものであり教えられるものではない、という主張がそれなりに見られました。しかしこれは、やはり「文学」の道に進んだ者の意見ではないでしょうか。「国語」の手を借りずとも「文学」にアクセスすることができた人たちと言ってもいいでしょう。

これと対照的な意見と言えるのは、評論家・精神分析医の岸田秀と作家の新井満の回答でした。

岸田秀（評論家・和光大学教授／精神分析）

最近、文学作品は教科書でしか知らないという者が多いようなので、本来なら誰でも知っているような、月並みの有名な作家、作品を載せるのがいいと思う。

新井満（作家）

もし国語教育で文学作品の面白さを味わう方法を教えられなかったらば、子供たちは生涯、読書とは無縁の人生を送ることになるでしょう。

活字に慣れ親しんでいない人を想定したとき、その人が学校の外で「文学」に触れる機会はそれほど多いと思えません。

もちろん、学校の外で不意に出会う「文学」もあるでしょうし、そんな不意討ちのような衝撃こそが、唯一「文学」的な出来事と言いうるものなのかもしれません。したがって、そんなことは考えても仕方のないこととして、それぞれに個人的な「文学」の体験が訪れればいい、というロマン主義的な「文学」の立場もあるでしょう。それはそれで共感しないでもありません。

しかし、わたしの問題意識からすると、そのように威勢よく言いきれないところもあります。というのも、教育社会学者の松岡亮二の研究によれば、子どもにおいては、「少なくとも親学歴という大分類だけで読書（量）格差があ」り、「中学校1年生の定期テストを受けるまでの期間に、相当な読書量――文字や物語との触れ合い格差がある」からです（『教育格差』ちくま新書）。つまり現在においては、「文学」をはじめとする活字の本に触れる機会自体が、経済・地域・親学歴といったその人を取り巻く文化的な環境、すなわち文化資本の影響を受けるということです。

だとすれば、「国語」に批判的な「文学」高踏派が言う「文学は学校の外で読むものだ」という主張自体が、自身の文化資本の高さを棚に上げた、文字通りのエリート主義的な発言である可能性があります。教育にたずさわる立場からすると、そのことがどうしても気になります。

文化資本としての「国語」

文化資本という観点から教科書の重要性を指摘しているのは、評論家の鹿島茂です。鹿島は「団塊世代より上では、私自身がそうだったように、家に詩集や文学の本など全くなくて、「学校の教科書で初めて文学というものを知った」という人は少なくないでしょう」と前置きしつつ、次のように述べます。

公教育の良さは、自力では教育にアクセスできず、教養を身につけることができない人々を救うことにあります。これは文学の世界でも同様で、たとえば20世紀前半に活躍したフランスの女性作家コレットは、もし公教育がなかったら文学にアクセスすることはなかっただろう家庭の出身でした。

今後、学校では文学は教えないということになると、教科書をきっかけに詩や文学に目覚める人もいなくなり、大人の教養という面では、家庭ごとの文化資本の差が、いままで以上に効いてきそうな気がします。

（「なぜ中高の教科書は「最高の教材」なのか――家庭の〝文化資本〟の差を埋められる」『ＰＲＥＳＩＤＥＮＴ』２０１９年6月3日号）

鹿島は、「国語」教育における「文学」に対して、「文化資本の差」を埋めるという意義を見出しています。この観点は、小説や詩歌に慣れ親しんでいない人に目を向けるという本書の立場からしても大事な議論だし、出自や階級を不問にするという近代教育の本来的な意義にもかなっています。本書の「はじめに」において、文芸誌的な「文学」の意味合いを知らなくても「文学」というもの自体はなんとなく認識されている背景として、国語教科書の存在を指摘しました。これは、「国語」および「国語」の教科書が「文化資本の差」を埋めるものとして機能している、という意味でもあります。

だとすれば、経済格差と文化資本をめぐる議論がますます叫ばれる現在、２００２年のときのように、「文学」は学校の外で読むものだ、と大上段に主張することは難しいでしょう。少なくとも、その主張は文化資本に紐づいた教育格差容認の主張につながりうる、という自覚が必要なのです（もっとも、その自覚のうえで、高踏派そのままに教育格差容認のエリート主義を貫く、という考えもありえますが）。

「文学」対「国語」という構図を越えて

少し整理したいと思います。

本章は、しばしば語られる「文学」と「国語」の対立図式を指摘するところから始まりました。いわく、「国語」は「文学」をわかっていない、「国語」で「文学」など教えられない、「文学」とは学校の外で読むものだ……云々。

わたしの立場からすると、これらの主張自体が「文学」に慣れ親しんだ者のなかでのみ流通する物言いに思えます。「文学」の側がこのような主張をしているわきには、国語教科書を通じてのみ「文学」をイメージしている人がいるし、エンタメもライトノベルもまとめて「文学」だと思っている人だっています。あるいは、家に活字の本などないという人が国語教科書をきっかけに「文学」を知ることもあります。「文学」側が「国語」を敵対視するときにこぼれ落ちてしまうのは、このような人たちの存在です。

少なからず文芸批評に触れてきた身としては、学校制度のなかで「文学」を教えられないとする「文学」側の主張も理解できるし、そのようなラディカルな「文学」観に共感しないでもないです。しかし、いや、だからこそと言うべきか、もう少し「文学」と「国語」を結ぶ回路が必要だと思っています。このような考えは、文芸批評を書きながら国語教育にたずさわる、というわたし自身の立場に起因するものでもあります。

すでに見たように、2002年の『文學界』のアンケートでは、「文学」のラディカルな側面を重視するがゆえに「文学」の教育不可能性を謳《うた》い、そのうえで、いっそ「文学」を学校からなくすべきだ、といった主張をしている人がいました。しかし、このような主張は、「文学」教育は可能か／不可能か、続けるべきか／やめるべきか、という二項対立にとらわれすぎています。大事なことは、学校で「文学」を読むことの限界を見すえつつも学校で「文学」を読むことの意味を考える、ということです。二項対立のあいだにある立場を粘り強く考えることが必要でしょう。

このことに関しては、文芸評論家の芳川泰久のアンケート回答がヒントになります。芳川は次のように述べています。

「文学的な文章の読解」が実質的には、「文学的」として共有されている「コンセンサス」の形成訓練として実行されている以上、それが減ることじたいかまいませんが、日本語の使われ方の総体がほとんど広義の文学作品の集合体をふくんでいる点で、もっと文学作品とつながる必要がある、と思います。

引用部の芳川は、「文学」と「国語」を対立的に捉えず、むしろ「文学的」とされているものを「形成」するのが「国語」なのだ、という認識を示しています。芳川の見方にしたがえば、「国語」における「文学」とは、「文学」とはこのようなものなのだ、と自己言及的に教える場所ということになります。

「文学」というものは、「国語」を通じて共同的に「形成」される。このダイナミックな「文学」形成の現場として「国語」を捉えてみたい。活字に親しんでいる者もそうでない者も、「文学」にアクセスできる者もできない者も、「国語」の実践を通じて「文学」形成に参加し、ともに同じ「文学」観を共有するという発想です。

付け加えて言えば、ここで共有される「文学」の内実は、大塚英志《えいじ》が『文学国語入門』(星海社新書)で言うように、一貫して「他者と社会の中での関わり方」(『高等学校学習指導要領(平成30年告示)解説 国語編』)について「試行錯誤」してきたものでもありました。だとすれば「国語」に対しては、「他者」とともに「社会の中での関わり方」を考える教科という性格を見出せるかもしれません。「文学/国語」について考えるにあたっては、コミュニケーションという観点も重要になるでしょう。

第2章 物語と共同性

初めて高校生と『こころ』を読む

スポーツに熱心に打ち込み、それまで本を読む習慣などなかった高校2年生たちが、現代文の授業の時間、夏目漱石の『こころ』を読んで、口々に「面白い」「深い」とか言っている。読んでいるのは、自殺をしてしまったKの手紙を「先生」が読むという有名な場面です。

なんら独創的な発想もなく、なんら斬新な解釈もなく、行間や作品の余白に目を向けすぎることもなく、書かれている文章を、主語と述語を確認しながら、一義的に読み、書かれている意味をみんなで確定していく。そこにどのようなことが書かれているかをみんなで理解する。そうして、自分たちにとって馴染み深い三角関係の構図と、少し意外だったKの内面を知り、「『こころ』は意外と面白い」という感想をつかむ——。

かつてわたしが経験した、このどこにでもありふれている光景が妙に心に残っています。ここには文学について考えるうえで大事な感触があるのではないか。

わたしは中高一貫校の専任教員として働きながら執筆業をしていますが、文章を書く仕事をするのは大学教員が多いようで、ときどき編集者の人などから「大学の先生にはならないんですか?」と聞かれることがあります。

大学ではなく中高教員を選んだ理由はいろいろあるのですが、そのひとつに、大学・大学院を通じて文学好きの人たちと話すことに居心地の悪さを感じてしまった、という個人的な経験がありま す。ある日、大学院の授業かなんかでみんなが文学の話で盛り上がっている様子を遠目に見ていたら、なんだかみんな同じ言葉を話しているようで、急に気分が悪くなったんですね。

その瞬間、それまでほんの少し抱いていた文学研究者になるという道を「ムリムリやめやめ」と断念することにしました（もっとも、そうでなくとも研究者の資質はなかったと思うけど）。大学や研究者がおしなべてそういうものだとは思いませんが、少なくともそのときは、大学という場所がやけに閉じたものであり、日常生活から遊離しているように感じられました。偏見かもしれませんが、正直そのイメージはいまにいたるまで拭《ぬぐ》いきれていません。

さらに言えば、似たようなイメージは出版業界に対しても感じるときがあります。だいたいさきほどの「大学の先生にはならないんですか？」という質問も、まるでわたしが大学の先生になりたいけど我慢して中高教員をやっているかのようなニュアンスが含まれているようで、少し引っかかるものがありました。もっと露骨に「いまの仕事はいつ辞めるんですか？」と言われたこともあります。こういう言葉がぽろっと出てくるところに閉鎖性を嗅《か》ぎ取ってしまいますね。

さてその後、紆余曲折ありつつも、中高一貫校の教員に落ち着きました。ここではあのときのような気持ち悪さを感じてはいません。いや、それどころか、文学に対してある種の新鮮な気持ちを抱くことすらあります。さきほどの『こころ』の授業をめぐるエピソードは、その大きなひとつです。

スポーツ科クラスにとって「文学」とはなにか

本章冒頭の授業のエピソードは、ある神奈川県の学校の高校2年生スポーツ科クラスを受け持ったときの経験です。スポーツ科クラスは、一般受験を経て入学した生徒とは異なり、スポーツの業績を認められて入学してきた生徒が集まっています。したがって成績に対する執着はなく、勉強のモチヴェーションも普通科クラスに比べて高いわけではありません。それほど反抗的だった印象はなくて、それどころか、体育会系的な素直さと言っていいのでしょうか、ポジティヴなことでもネガティヴなことでも、自らのからだに巻き起こった感情をすぐに言葉にし、それをお互いに許容するようなすこやかさがありました。

テキストを読み込むより議論形式のほうがいいだろうということで、ディベート嫌いの自分にしては珍しくディベートをしたさいなどは、男子生徒がお互いに「てめ殺すぞ」「あぁ？」とか言い出す始末でした。ただ、本当に喧嘩をしているわけではなく、そのときの印象としては、彼らにとってディベートにおける意見表明の言葉と喧嘩っぽい言葉が重なっているのだろうな、という感じでした。そこには不思議なさわやかさがあり、新米教員としては、「なんと若々しく健康的な言語運用だろう」と感銘を受けた記憶があります。

そういうやりとりも含めてスポーツ科クラスの授業は楽しかったのですが（むしろこのときは、普通科の進学コースクラスのほうがうまく行かずしんどかったです）、とはいえ他方で、このクラスに対しては、とにかく集中力に著《いちじる》しく欠けるのと「高校生ならばこのことは知っているだろう」というこちらの常識的な前提が通用しないことに苦労した記憶があります。

このようなクラスで『こころ』を読もうと思ったのは、「一生に一度は夏目漱石の文章くらい読んだほうがいいだろう」と考えたからです。もっともそれは、漱石の作品が人生において大事なことを考えさせてくれる、といったことではありません。あるいは、夏目漱石は基礎教養として読んでおいたほうがいい、という感じとも少し違う気がします。

強いて言うのなら、共通体験みたいなことでしょうか。時代の変化とともに共通の経験がどんどんと失われていくなか、「まあ、漱石くらいは授業で読んでおこうか。お札《さつ》にもなっているし」というテンションで『こころ』を扱った感じです。だからそのときは、「実際に読んだという経験が大事。あとは簡単なあらすじくらいを把握してくれたらじゅうぶん」という気持ちでした。

しかし、そんな消極的とも言える『こころ』の授業は、生徒に思いのほか面白がってもらえました。別にそれほど気の利いた解釈を示したわけでもないのに。大学院修了直後の自分としては、そのことがとても新鮮に感じられました。

通説に対してアンチやオルタナティヴを示す文芸批評や文学研究においては、書いてある言葉の意味を理解し、書かれた内容をまっすぐに「面白い」と感じる、という段階にあまり目が向けられません。書かれた内容をそのままに読むという段階は、文章を読み慣れている人にとってはあまりにも当たりまえのことであり、すでに通り過ぎてしまったものなのでしょう。だとすれば重要なことは、「文学」に慣れ親しんでいる人ほど忘れてしまいがちな、このスポーツ科クラス的な感触をからだのどこかに持ち続けるということだと思います。

『こころ』をどう読むか

文学研究において『こころ』と言えば、なんといっても小森陽一による「「こころ」を生成する「心臓《ハート》」」(『成城国文学』1985年3月)が有名です。主要人物である「先生」の内面を中心化せず、「私」と静《しず》がともに生きていく可能性を示したこの記念碑的論文は、テクスト論という文学解釈の方法を代表・紹介するものとして必読のものとされました。

とりわけ、作品冒頭の「余所余所しい頭文字などはとても使う気にならない」というなにげない一文に注目し、「私」の語りが「暗黙のうちに、「先生」の「K」に対するかかわり方(記憶)が「余所余所しい」ものであったことを示している」と指摘する小森論の手つきには、たいへん興奮させられたものです。

教員になった当初、せっかく『こころ』を授業で扱うならばそのようなクリエイティヴな読みかたを紹介しよう、と考えました。実際、過去にはそのような授業をおこなったこともあります。しかし、国語の授業で小森のような『こころ』論を展開するのは、それほど簡単なことではありません。

というのも、その小森の論文自体が指摘しているように、現代文の教科書に掲載されている『こころ』は、「「下－先生と遺書」のみを他から切り離し、それだけを中心化し」ているからです。これだと先生と「私」との葛藤を含んだ関係性に注目するのは難しいし、そもそも「余所余所しい頭文字などはとても使う気にならない」という箇所自体が教科書の本文に存在していないのです。

のちに違う学校で『こころ』を扱ったさいには、一緒に組んでいた先生の意向もあって、前もって文庫本一冊（できれば小森論が解説として収録されているちくま文庫版）を読んでもらうことにしましたが、このスポーツ科クラスに関しては、全員がそれなりに長い『こころ』の全文を読むことを要求するのは難しいと感じました。もっとも、そもそもが「漱石くらいは読んでおこう」程度のテンションなので、小森論にそれほどこだわることもありませんでした。

ということで授業では、先生と「私」の関係性をいちおう確認したのち、物語のいちばんのハイライトとも言える、先生とKと静をめぐる三角関係の部分を重点的に読みました。詳しい授業内容は正直覚えていないのですが、古めかしい語句が並ぶ作品に対して、とにかく物語の骨子を把握してもらうことを第一に考えた記憶があります。

ほとんど本を読んだことのない人にとっては、純文学や近代文学を読むのはハードルが高いと感じられるかもしれませんが、『こころ』という作品は近代文学のなかでは比較的読みやすいほうだと思います。もともと新聞連載の小説でもあるので、物語の起伏が多く用意されているなど読者へのサーヴィス精神に溢《あふ》れています。ようするに新聞読者に向けた大衆小説という側面がある、ということです。

そんなエンタメ作品としての『こころ』を読むうえで重要なことは、構造を捉えることです。いや、『こころ』にかぎりません。学校の授業で文学作品を読むさいには、構造への注目が大事です。逆に言えば、ある程度構造が抽出できる作品は国語の教材に向いていると言えます。

『批評空間』的な批判精神

ここで少しだけ批評の話をしたいと思います。もっとも、批評と言ってもいろいろあります。ここでは、おもに1990年代に大きな影響力をもった『批評空間』周辺の議論を念頭に置いています。批評家の柄谷行人と浅田彰が編集委員をつとめた『批評空間』は、その先端的な議論と海外批評の翻訳を通じて、批評とはどうあるべきか、ということを強烈に提示しました。

そんな批評においては、文学作品をはじめとする小説を構造としてのみ捉えることは、あまり良いこととされません。『批評空間』を中心とした批評の領域では、作品を安易に構造におさめようとする態度は批判され、むしろそのような構造化に抗うものこそが小説の言葉として擁護されました。有名なところとしては、批評家の蓮實《はすみ》重彦《しげひこ》が「テクストとしての小説の言葉は代置や交換をかたくなにこばんでいるが、構造としての物語はむしろそれを歓迎する」(『小説から遠く離れて』日本文芸社)といったかたちで「構造としての物語」を牽制《けんせい》していたことが思い出されます。

構造としての「物語」と、そんな構造化＝物語化を拒否せんとする「小説」。一部の批評の読者にとって、このような言葉の使い分けは馴染みのあるものでしょう。もっと言うと、批評シーンにおいては「物語」という語はもっぱら批判されるべきものであり、「物語」に批判を向けられないものは批評とは認められない、という認識すら一時期はありました。

「小説」「物語」「批評」という語に込められたこの独特なニュアンスは、蓮實による次の一節なんかを読むと感じられるのではないでしょうか。

われわれにとって、小説の擁護は、批評の擁護と同じ身振りとして演じられるものでなければならない。物語は解読装置にまかせておけばよいのだし、またそんな装置がやってのける解読など、批評とは何の関係もありはしないと断言しておこう。

（『小説から遠く離れて』）

「物語」は実際に書かれている複雑な言葉の絡み合いやあるいは複雑な現実を単純に見せてしまうものだ、したがって、わたしたちはそれと知らずにとらわれてしまっている「物語」から抜け出すことが必要である。カントの理性批判に由来するこの物語批判の態度はたいへん重要なものとされており、いまなお批評の基本的な精神だと考えられています。

このような批判精神は、もちろん国民作家でもある夏目漱石にも向けられます。漱石の場合、批判相手はたとえば「則天去私《そくてんきょし》」「低徊趣味《ていかいしゅみ》」「高踏派《こうとうは》」といった文学史的な解説用語です。漱石のイメージは、このような言葉でもって「物語」化されるかたちで形成されてきました。

だとすれば、漱石に対する批評行為とは、このような漱石神話とでも言うべき「物語」から漱石を解放してやることを含むことになります。「「神話」から自由になること」が目指された蓮實重彦『夏目漱石論』（青土社）は、その高い達成のひとつと言えるでしょう。

物語以前の段階

このような批判精神および物語批判の意義をじゅうぶんに認めつつも、本書においてわたしは「物語」の重要性を強調します。というのも、批評シーンで謳われている物語批判の態度というのは、すでに物語を享受している人を相手にしているもので、いまこれから本を読む人のほうを向いていない、と感じるからです。

「則天去私」「低徊趣味」「高踏派」といった物語に対する批判が成立するには、そもそものような言葉で漱石が語られている、という共通前提が必要になります。しかし、夏目漱石どころか小説を初めて読む人にとっては、そのような解体すべき物語自体が手元にありません。ようするに、現代文の授業と文芸批評とでは端的に議論の宛先が異なるのです。『批評空間』的な議論は、物語以前の段階にいる者を外に追いやっているのです。

では、物語以前の段階とはどういうことでしょうか。それは、本を開いてもなかなか読む気になれない、文章を読んでいるがなかなか頭に入ってこない、というか、文字が書いてあるようだが意味が取れない、そもそも難しい漢字が読めない……といった状態のことです。書いてあることが読み取れないのだから、どのような物語なのか把握しようがありません。

どんな読書家だって、少なからず身に覚えがあることでしょう。読み慣れない難しい本を読んださいに生じる、意味としてまとまりを持たない文字が浮遊しているような、遠近感が失われているような感覚。教育課程において文学作品を読むとは、そのようなラディカルでカオティックな状態のなかで、どうにか物語をつかんでいくことを意味します。

順を追ってゆっくりと考えて行きましょう。

目のまえには難しい言葉で書かれた文章が広がっています。初めて見る単語も多そうです。そんな目のまえの文章を理解するためには、わからない言葉を辞書で引いたり註釈を確認したりといった愚直な作業が必要です。わからない言葉に対して辞書を引いて確認しよう、というのはありふれた授業の光景だと思いますが、しかし、このありふれた退屈な作業を通じて、浮遊していた文字はだんだんと意味のある言葉に置き換えられていきます。

ある程度の遠近感を獲得したら、今度は作品全体の構造を確認することになります。物語全体がどのような構造になっており、作中人物たちはそこでどのような機能を果たすのか。この人物は敵として登場しているのか味方として登場しているのか。この場所は日常的な場所なのか非日常的な場所なのか。あるいは境界の領域なのか。作品をつかむためには、そのような物語のおおざっぱな枠組みを把握することも重要です。ここでは、構造主義および構造分析という手法が有用となるでしょう。

実際、文学研究者の小森陽一も、進学塾の塾講師の経験を振り返って「とても皮肉なことではありましたが、大学院に入ってから勉強しはじめた、記号論や構造主義の理論的枠組みのいくつかが、進学塾の「国語」の受験指導に大変役立ちました」と書いています（『小森陽一、ニホン語に出会う』大修館書店）。引用部は、国語における評論文の読解に対して述べていることですが、小説に対しても同じことは言えます。

もっとも、ここでの小森は「国語」における構造主義的な発想について肯定的には述べていません。引用部で「皮肉なことではありましたが」と述べているのは、同書のなかで小森が国語の授業を痛烈に批判しているからです。小森は、次のように書いています。

小説や物語の「学習のてびき」に必ず出てくる、「このときの○○の気持ちを考えてみよう」とか、「登場人物の心の動きを整理してみよう」といった類の問いにもとまどいつづけました。そもそも一つの物語の、ある場面における、作中人物の気持ちについて語りはじめたら、ことばは無限にでてくるはずです。そうであるにもかかわらず、数十字にまとめられたあたりさわりのない正解が、教師から提示されるのです。どうして、これほどまでに書かれてあることを、まとめ、要約し、単純化し、単一化していくことに、「国語」という教科が向かっていくのか、まった《》く理解に苦しみました。

いまわたしは、小森が批判しているような「要約」「単純化」「単一化」がむしろ重要である、という主張をしています。つまりわたしは、小森と真反対の立場を採っています。

というのも、小森の立場がまさにそうですが、文学の領域においては、そのゆたかな言語表現を擁護するあまり、いきおい作品の構成への意識を軽視し、とりわけ要約を敵視する向きがあります。あるいは、安易な要約を拒むような言語前衛的な作品をその前衛性を根拠に称揚する向きがあります。しかしそういった物言いをする人は、むしろ当の自分こそが批評をめぐる安易な「物語」にとらわれている可能性を疑ったほうがいいでしょう。

これを読んでいる国語教員のかたがいたら「要約も単純化も単一化も恐れなくていい！」と強く言いたいです。もちろん、「要約」することによってその作品のすべてが理解できるとは思いません。しかし、ある作品を「単純化」してわかったつもりになることは、文学作品を読む大事な一歩目となるものです。そこから構造化を拒む断片が見出されることだってあるでしょう。だとすれば、その第一歩を否定することはありません。絶対に。

構造と大衆性

そもそも少し文学史や批評史を見渡してみれば、物語性に文学的な価値を置く立場はいくらだって見つけることができます。その代表的なひととしては、たとえば谷崎潤一郎が挙げられるでしょう。谷崎は、芥川龍之介との有名な「小説の筋論争」において、「筋の面白さは、いい換えれば物の組み立て方、構造の面白さ、建築的の美しさである。此れに芸術的価値がないとはいえない」と主張しています(「饒舌録」)。

個人的に興味深いのは、その谷崎が「筋の面白さ」を主張するなかで「通俗」性や「大衆」性に言及していることです。

それから「俗人にも分る筋の面白さ」という言葉もあるが、小説は多数の読者を相手とする以上、それで一向差支ない。芸術的価値さえ変らなければ、俗人に分らないものよりは分るものの方がいい。妥協的気分でいうのでない限り、通俗を軽蔑するなという久米君の説(『文芸春秋』一月号)に私は賛成だ。(括弧内原文)

谷崎が「饒舌録」において示唆するのは、物語の「大衆」的なわかりやすさは構造にある、ということです。このことは、実際に授業をおこなっている立場としての実感でもあります。難しい言葉使いに苦戦しながら小説を読んでいる生徒がいるとして、その生徒が文章の内容をなんとなく理解したのちに求められるのは、各場面や各登場人物が物語においてどのような機能を果たしているのか、ということです。このような各場面の意味づけの作業が進むにつれて、生徒はその物語について「わかった」という感触を得ていきます。

さっきまでなんとなく浮遊しているだけだと思われたテクストの言葉たちは、物語の構造のなかでそれぞれ役割や機能が見出されることによって、作品のなかに首尾よく収まっていきます。そうして、作品には奥行きと遠近感がもたらされることになります。この段階まで来れば、その人は物語をいちおう理解したと言うことができます。物語が「わかる」とは、小説の言葉を各構成要素に「分ける」ことなのです。だとすれば、構造が明示しやすい物語とは、そのまま「わかりやすい」物語であると言えるでしょう。

構造がわかりやすさをともなうのは、それが共通のフォーマットとして機能するからです。わたしたちは、たとえ小説を読んだことがなくとも、映画、マンガ、アニメなどを通じて「物語」に触れています。かつてならば、落語や講談も一般的だったでしょう（落語や講談は現在もブームになっていますが）。わたしたちはなにか新しいものに出会ったとき、まずはそうした馴染みのある「物語」の型に当てはめることで理解しようと努めるものです。だからこそ、明確な物語構造は大衆的な「わかりやすさ」につながるのです。

『こころ』における三角関係

新聞連載作品の『こころ』も、なによりその構造の明快さにおいて大衆小説的です。作家の大岡昇平も『こころ』という作品のわかりやすさについて（否定的に）言及したことがありましたが、そのわかりやすさとは構造の明快さに由来するのです。

『こころ』に抱えられた構造はいくつかありますが、とりわけ「下　先生と遺書」には、先生・K・静の三者による三角関係という見やすい構造があります。高校生の立場からしても、この三角関係の構図さえ押さえておけば、さしあたりKの自殺までの展開は追いやすいでしょう。したがってこの三者の関係性は、授業における強調ポイントとなります。

実際、大修館書店版の『文学国語』の教科書には、いちばん最初に先生・K・静＋奥さんという三角関係＋1の図が示してあります。そういえば、高橋留美子による漫画『めぞん一刻』においても、教育実習で『こころ』の授業をしていた主人公の五代くんが同じ構図を板書していましたね。

スポーツ科クラスにおいて生徒のリアクションが良かったのも、やはり三角関係という構造があるからでした。意味不明に浮遊する文字の群れに対して、「どうやら先生・K・静という主要人物がいるらしい、どうやらそれらは三角関係らしい」というかたちで、作品の言葉を自分にとって了解可能なものとして意味づけ／位置づけていくとともに、彼らのなかで物語の輪郭がだんだんくっきりしてくるのです。

こうしていよいよKの自殺の場面がおとずれます。遺されたKの手紙と「襖《ふすま》に迸《ほとばし》った血潮」の描写。文字情報だけではあまりイメージが湧かないところもありそうだったので、ちょうどそのころコンビニでよく売られていた「まんがで読破」シリーズの『こころ』（絵・Team バンミカス、イースト・プレス）の該当箇所を配って、視覚的なイメージを補ったことも覚えています。

興味深かったのは、そんなことはどこにも書かれていないにもかかわらず、多くの生徒がKの自殺の原因を失恋のショックだと思い込んでいたことです。

Kは友人である先生にお嬢さんへの恋心を打ち明けた、にもかかわらず、先生はKに黙ってお嬢さんと婚約をしてしまった、そのショックからKは自殺してしまったのだ、と。生徒の多くはほとんど条件反射で、そのような「物語」を読み込んでいました。

これが「物語」のおそろしい力です。いったん三角関係の「物語」として把握してしまうと、その瞬間、もうどこかで聞きかじったような嫉妬まじりの恋愛物語にしか見えなくなる。そうなると書かれていることをきちんと読むことなく、自分の見たいものだけを見るようになってしまう。批評という行為は、この「物語」のおそろしい動員の力にこそ批判の切っ先を向けます。「物語」の力に絡めとられた安易な読解は批評とは言えません。

ここが微妙なところですが、批評家としてのわたしは、構造を把握するための「物語」化は重要だと考えるものの、根拠もないままに安易な「物語」に乗ることには慎重にならなくてはいけない、と考えてもいます。「物語」に乗っかるかたちで易《やす》きに流れる向きに対しては、一定の批判的なまなざしを注がなければなりません。

先生がKの手紙を読むところによると、手紙に書かれていたのは「自分は薄志弱行《はくしじゃっこう》でとうてい行く先の望みがないから、自殺する」ということだけです。だから手紙を読んだ先生は、自分が批判されていないことに安堵するのです。だとすれば考えるべきは、Kが手紙に書いた「薄志弱行」とはなにか、ということです。授業はここから、Kにスポットライトを当てることになります。

Kの「覚悟」をめぐって

真宗寺に生まれたKは、「精進という言葉が好き」で「道のためにはすべてを犠牲にすべきものだと云うのが彼の第一信条」という人物です。そのためには「摂欲や禁欲は無論、たとい欲を離れた恋そのものでも道の妨害《さまたげ》になるのです」と。このようなストイックな考えから、Kはかつて先生に向かって「精神的に向上心のないものは馬鹿だ」と言った、ということが書かれています。Kにまつわるこれらの情報は、教科書に掲載されている箇所から確認できることです。

作中、お嬢さんに対する恋心を打ち明けられた先生は、そんなKに反撃するようなかたちで「精神的に向上心のない者は馬鹿だ」という言葉を投げかけます。普段から「道のためにはすべてを犠牲にする」と言っていたあなたは、言っていることとやっていることが違うではないか、ということです。ここには、恋のライバルとなったKをあきらめさせようとする先生の打算的な姿を見ることができるでしょう。

現代文の授業としては、先生のこのようなエゴイスティックな面に焦点を当てるのはおなじみです。しかし、ここでの読みどころはやはりKのほうにあります。自身の恋心を先生に責められ「もうその話をやめよう」と言うKに対して、先生は追い打ちをかけるように言います。

「止《や》めてくれって、僕が云い出した事じゃない、もともと君の方から持ち出した話じゃないか。しかし君が止めたければ、止めてもいいが、ただ口の先で止めたって仕方があるまい。君の心でそれを止めるだけの覚悟がなければ。いったい君は君の平生の主張をどうするつもりなのか」

先生が言っているのは、「別にこの会話をやめるのはかまわないが、いまこの会話をやめるだけでなくお嬢さんに対する恋愛感情そのものをやめる覚悟がなければ、Kの普段の主張と合わないではないか」ということです。苦悩することを承知でKを追い詰める先生のいやらしさがよく出ていますね。そんな先生の言葉を聞いたKは、「覚悟、――覚悟ならない事もない」とつぶやくのですが、このあと、この「覚悟」という言葉がキーワードになっていきます。

Kが「ない事もない」と言う「覚悟」の内実は、この流れで読むと、お嬢さんへの恋心を放棄することであるように思えます。実際、先生も最初はそのように考えて「得意」になっていました。しかし、Kの神妙な様子に不安を覚えた先生はその後、「Kがお嬢さんに対して進んで行くという意味にその言葉を解釈」することになります。すなわち、Kが「覚悟」をもってお嬢さんとの恋を成就しようとしている、と考えるのです。

こうして先生は、「Kより先に、しかもKの知らない間に、事を運ばなくてはならない」という「覚悟」を決めて、Kに抜けがけするかたちでお嬢さんとの婚約を成立させてしまいます。この出来事がきっかけとなってKの自殺がもたらされたことは、すでに述べたとおりです。

さきほども述べたように、作中に示されているKの自殺の理由は「自分は薄志弱行でとうてい行く先の望みがないから、自殺する」ということだけです。もちろん、Kの心のなかに失恋のショックがまったくなかったとは言えませんが、とはいえ、失恋から自殺にいたるまでにはもう少し複雑な心理が働いているでしょう。

ポイントになるのは、手紙の最後に書き添えられた「もっと早く死ぬべきだのになぜ今まで生きていたのだろう」という意味の文句」です。Kからしてみれば、先生とお嬢さんとの婚約とは関係なく自分は「もっと早く死ぬべき」だった、ということです。つまり、Kは先生が抜けがけする以前から自殺の意志を抱いていたのです。

なぜでしょうか。それはもちろん、「道のためにはすべてを犠牲にすべきものだと云うのが彼の第一信条」だからでしょう。Kの「信条」にもとづけば、お嬢さんに恋心を抱いてしまったことそれ自体が、その時点で「自殺」にあたいするくらいの許されざる出来事だったのです。

このように考えると、Ｋが先生のまえで口にした「覚悟」とは、自ら死を選ぶ「覚悟」だったと言えるでしょう。自分の「道」に背いてお嬢さんに恋愛感情を持ったままのうのうと過ごしている。死の「覚悟」もないことはないが、とはいえここまで未練がましく生きてしまっている。このような思いこそ「薄志弱行」の中心にあるものにほかなりません。

もちろんＫの心のなかには、お嬢さんとの恋が実らなかったことに対するショックや、抜けがけした先生を恨む気持ちもあったかもしれません。それこそ、小森陽一が述べていたように「ある場面における、作中人物の気持ちについて語りはじめたら、ことばは無限にでてくるはずです」。Ｋの心のなかはひと言で語れるような単純なものではないでしょう。

しかし、そのような複雑さも含めたうえで、Ｋ自身は、恋をめぐるさまざまなことを「道」を貫徹できなかった事態として捉えています。物語の流れを追えば、「自分は薄志弱行でとうてい行く先の望みがないから、自殺する」という言葉には、そのようなＫの人知れない苦悩がうかがえます。さらに言えば、手紙の内容の簡素さからは、不必要な逡巡を与えているかもしれない先生への配慮すらうかがうことができます。

『こころ』の「面白さ」を見出す

スポーツ科クラスの生徒たちが「面白い」「深い」と言ったのは、上記のＫの心理があきらかになってくる場面を読んだときでした。では、ここで言う面白さとはどのようなものでしょうか。

ここにいたるにあたっては、二段階の「面白い」があります。

最初の面白さは、それまで意味不明だった言葉の羅列が構造的に配置され、物語全体の輪郭がだんだんと把握される段階における面白さです。すなわち、難しい言葉で古い時代のことが書いているようだが、どうやらそれは友情と恋愛をめぐる三角関係の話のようだ、と。

そこには、それまでわからなかったものがなんとなくわかってきた、できないことができるようになった、という、とてもありふれた、しかし教育のいとなみにおいては大事な感触があります。なにかができるようになるという素朴な実感を馬鹿にしてはいけません。さらに言うなら、そこには、誰もが少なからず経験しているにもかかわらず、ともすれば忘れてしまいがちな、読めないものが読めるようになった、という読書における原初的な面白さの感触もあります。

二段階目の面白さは、いったん把握された構造に沿って理解したつもりだった「物語」が意外な展開を見せることによって生じる面白さです。つまり、Kの自殺が失恋のショックではなかった、と気づいたときの意外性です。三角関係という構造によって「物語」を「わかった」つもりになっていた人は、Kの苦悩がもう少し別のところにあったらしいことを知って驚きます。その驚きが面白さをもたらすのです。加えて言えば、その驚きは、「Kはまさしく失恋のために死んだものとすぐ極《き》めてしまった」という先生の驚きと同じものです。したがってここには、三角関係という構造をいったんくぐることで先生の立場に共感する、という面白さも含まれています。

もっとも、Kは失恋のショックで自殺したのではない、という読み筋は、すでに述べたようになんら斬新なものではありません。というか、そもそも先生自身の言葉によって示されているものです。しかし、三角関係という「物語」に対する先入観が強ければ強いほど、その読解は驚きや面白さとともに迎えられます。そしてそれは、「物語」批判という意味にかぎり、批評的な驚きや面白さと近しいものでしょう。

国語教員としてのわたしが実際の授業において意識するのは、この二段階の組み立てです。つまり、まずは「物語」として構造を把握して「わかった」つもりになること、次に、その「物語」によってもたらされる期待が裏切られることです。この「物語」への動員と切り離しの運動によって、それまであまり頭に入ってこなかった小説は、だんだんと「面白い」ものとして姿をあらわすのです。

わたしのこのスタンスは、もしかしたら教員としての性格と批評家としての性格の両方があることに由来するのかもしれません。とはいえ、上記のような姿勢は、文学研究をある程度学んだ教員ならばそれほど珍しいものではないとも思います。そういう意味では、文芸批評や文学研究の蓄積は、それなりに国語教育のほうに還元されていると言えます。批評・研究の蓄積を教育現場に還元している人たちにリスペクトです（むしろ心配なことは、昨今の大学事情において文学研究から国語教員へ行く回路が急速に減っていることですが、この問題については指摘にとどめます）。

「K」という頭文字をめぐる解釈

さて、『こころ』における印象的なKの自殺をめぐっては、これまでさまざまな議論が交わされています。とりわけ、Kというイニシャルを持つ人物はどのような人物なのか、という点は、1990年代以降、それなりに盛り上がったテーマです。

たとえば、文芸批評家の絓秀実《すがひでみ》は、死の反復・循環が描かれる物語において「主＝King」の位置にいるのがKであり、「その「K」は消滅することによって、作品を支配する象形文字にほかならない」とジャック・ラカン風の読解を披露しました（「消滅する象形文字」『日本近代文学の〈誕生〉』太田出版）。この絓論を受け継ぎながら『こころ』と大逆事件のかかわりを論じる文芸批評家の渡部直己は、「「K」とは、明治の「王」であり、かつ、その「王」への「大逆」陰謀の首謀者に擬せられた「幸徳秋水」とその「一派」でもありうるのだ」と主張しました（「大逆事件と小説」『不敬文学論序説』太田出版、傍点原文）。

これらの議論はその後、絓の著書『「帝国」の文学』（以文社）に対する、作家・高橋源一郎の書評をきっかけとする一連の「大逆事件論争」につながるものとして有名です。この「大逆事件論争」は、作家・文芸批評に加えて文学研究者をも巻き込んだ論争なので、興味があればぜひ調べてみてください。

あるいは文芸批評家の柄谷行人は、作家の北村透谷《きたむらとうこく》や哲学者の西田幾多郎《にしだきたろう》を例に挙げながら、Ｋのように極端に「観念的な青年」は明治期にしばしば見られるものだとし、そこには「「明治維新」の可能性が閉ざされたあとで、世俗的なもの一切に対立しよう」とする態度がある、と指摘します。そんな柄谷によれば、「Ｋが死ぬのは、友人に裏切られたからではなく、「内面」の独立性を貫徹しえなかった無力と空虚の意識」に起因するのだ、ということです（「一九七〇年＝昭和四十五年――近代日本の言説空間」『終焉をめぐって』講談社学術文庫）。

これらの議論に共通するのは、『こころ』を各人物たちの内面を中心化する心理小説として読むことを批判している、ということです。もう少し言えば、これらの議論は『こころ』を心理小説として読むことの背後で隠される政治的な問題に注目しています。いちおう解説をしておくと、その政治的な問題とは天皇（制）をめぐる問題です。

三者の批評家はいずれも、『こころ』における作中人物たちの内面の「物語」を批判的に検証するかたちで、その向こうに屹立《きつりつ》する天皇制という「物語」を批判しているのです。この立場からすれば、本書におけるＫの自殺をめぐる読解は、天皇制という政治的な問題を見ないふりしてなされた議論である、ということになるでしょう。

その批判は間違っていません。実際、スポーツ科クラスの授業において明治天皇の話をすることはなかったので、その意味では、わたしは天皇制という政治的な問題を見ないふりした読解をしたことになります。

とはいえ、絓・渡部・柄谷らの解釈、あるいは「大逆事件論争」に対しては、いち批評読者として刺激的だと思うものの、なかなか必修の授業で紹介できるものだとは思いません（選択授業ならありえますが）。柄谷が指摘する同時代の状況についてはむしろ言及したい気もしますが、その柄谷論の眼目である天皇制およびそれにともなう「近代日本の言説空間」までを議論の俎《そ》上《じょう》に乗せることは難しいところがあるでしょう。ましてや中等教育の現場で真っ向から天皇制批判をおこなうことは、不可能ではないにせよ難しいし、また、わたし自身はおこなうつもりもありません。

それはすでに述べたように、教科書が「下　先生と遺書」を中心化しているという物理的な制約があるからです。あるいは、カリキュラムにともなう時間的な制約があるからです。さらに言うなら、中等教育において天皇制を批判すること自体、個別の事例において批判することは可能であるにせよ、思想的中立性の観点から抵抗があります（「中立」の態度は権力側に利する、という「中立」をめぐる問題を承知してもなお、です）。

そこには、国語教育というものが結局のところ近代国家の枠内にあらざるをえない、という問題があるでしょう。近代教育に対するおなじみの批判ポイントです。「国語」と国家の関係についてはのちに触れたいと思います。

単独性から共同性へ

さきほど『こころ』における共感をベースにした面白さについて言及しました。作中人物に対する共感を構造の観点から説明すると次のようになります。

読み手は『こころ』に描かれた各人物（今回の場合、先生とKと静）の個別具体的な行為を認識する。その後、先生－K－静の関係性を三角関係というかたちで抽象化し、一般化する。その一般化された図式を今度は自分の身近な現実に適用し、置き換え、重ね合わせる。そうして、自身の個別具体的な体験や身近な人間関係を三角関係として把握し、結果的に、先生－K－静の関係性に共感を寄せることになる。

ここでポイントとなるのは、物語を構造として捉えたとき、その構造の各要素は入れ換え可能なものになる、ということです。このことは構造主義という考えかたをふまえています。構造主義を主唱した文化人類学者のクロード・レヴィ＝ストロースは、構造主義的な思考において大事なことは「与えられた有限個のクラスを使って現実を分類しつくし、また相互に「変換」可能であることを基本的性質とする統合的思考と見られることである」と述べています（『野生の思考』大橋保夫訳、みすず書房）。

この構造としての「物語」における各要素の入れ換え可能性が、読者の感情移入や共感を誘うことになります。さきに紹介した「テクストとしての小説の言葉は代置や交換をかたくなにこばんでいるが、構造としての物語はむしろそれを歓迎する」という蓮實重彥の言葉も、そのことを示しています。

ただし、蓮實はここで構造としての「物語」を批判しています。なぜなら「物語」にもとづく入れ換え可能性は、小説に描かれた個別性や一回性を消去してしまうことになるからです。このような発想においては、共感ベースの読解は低級なものとされる傾向があります。

この種の議論は一時期の文芸批評によく見られたもので、柄谷行人も似た議論を展開しています。柄谷はその大江健三郎論において、シンボルとアレゴリーをめぐる議論を進めるなかで次のように述べています。

> シンボル的小説において、特殊（個別）なものが一般的でありうるというのは、あるいは、他人のことが「自分のこと」のように共感されうるというのは、一つの装置でしかない。ここでは、けっして一般性（類）に入らないような個別性（単独性）が切り捨てられている。
>
> （「大江健三郎のアレゴリー――『万延元年のフットボール』」『終焉をめぐって』）

わたしたちは「物語」を構造として一般化し、「物語」のなかにいる人物たちに共感さえするわけですが、柄谷からしてみれば、そのような「共感」は「個別性（単独性）」を捨象したところで成立するものにほかなりません。さらに言えば、そのような態度は歴史の「一回的な出来事性」を一般性に解消してしまうものです。大江健三郎の作品はそのような一般化を拒否し「一回的な出来事」を描くことによって、歴史の「特異点」を描きえている。柄谷の主張はそのようなものです。

この柄谷の議論が示すのは、わたしたちはそれぞれ固有な存在として個別具体的な生を送っているはずなのに、「物語」による一般化・抽象化はそのことを覆い隠してしまう、ということです。わたしたちは、お互いに安易に共感をしているようだが本来的には「単独者」なのだ、と。

柄谷によるこういった議論は、それなりに説得力のあるものだと思います。しかしここには、批評家である柄谷と教員であるわたしとの立場の違いがあらわれているようにも感じます。というのも、柄谷は「物語」や共感を否定しながら、小説の「一回的な出来事性」というありかたを強調しますが、教材としての小説は、あるカリキュラムのなかでくり返し読むことが想定されるものです。また、柄谷は単独性を重視していますが、教室という場においては、小説は単独でなく共同的に読むことが想定されます。

つまり、教員としてのわたしは柄谷と違って、読書行為にともなう共同性や反復性のほうにリアリティを感じている、ということです。コミュニケーションに対する感度の違いと言い換えてもいいかもしれません。柄谷にとって小説や文学はコミュニケーションを切断する契機としてありますが、わたしにとって小説や文学はコミュニケーションにかかわるものとしてあります。

そもそもさきにも述べたように、学校という場所で小説を読むにあたっては、書いてあることが上手く頭に入ってこない、という状態を通常のこととして念頭に置く必要があります。それはまさに、「物語」に回収されることのない言葉の断片がアナーキーに散らばっている状態です。つまり国語においてはむしろ、物語以前の孤独な「一回的な出来事」から出発し、そこから他人とのかかわりを考える必要があるのです。したがってわたしの立場からすると、柄谷の議論は次のように問い返されることになります。

すなわち、そもそも固有の存在として「一回的な出来事」を生きているわたしたちは、にもかかわらず、なぜ他人と共感ないしコミュニケーションをすることができるのか。

本来的に単独な存在であるはずのわたしたちは、にもかかわらず、共感をともなう読書行為を通じて疑似的に共同性を抱いてしまっています。ほんの少しまえまで書いてあることを字義通りに理解することとさえ苦労していたはずなのに。教育現場にいると、むしろこの文字通りのありがたさのほうが気になってきます。

「物語」と穴の空いた共同性

授業をしていると、ときどき不思議な感覚に襲われることがあります。生徒たちが手に持っているモノは、同じ国語の教科書だということになっているけど、実際はそれぞれ異なるモノではないか。彼らはそれぞれまったく異なるモノを眺めているにもかかわらず、誰もが同じ「物語」を読んでいると信じて疑っていない。よく考えると、このことがとても不思議に思えてきます。

「教科書に書かれた文字を読む」という行為は、たしかに個別具体的な体験です。同じデザインで同じような文字列が並んでいるから、わたしたちは各自の教科書を同じモノとして認識していますが、実際には、彼らはまったく異なるモノを手にして、まったく異なるモノを読んでいます。生徒たちは、それぞれ単独の存在として教科書と呼ばれるモノに向き合っているのです。

授業は、そのようなばらばらな状態からおこなわれます。どのくらい読める漢字があるのか、どのくらい意味を知っている語句があるのか、ということも人それぞれでしょう。わからない言葉が多ければ、文章の意味を理解することもなかなかできません。

したがって授業では、漢字の読みかたや語句の意味を調べるなどして浮遊する文字を少しずつ意味のまとまりに変えていきます。その後、書かれている文字列をだんだんと抽象化していき、作品を構造として把握するようになります。構造は場合によっては図式化をともなって明示され、「一回性の出来事」を離れて一般化されます。そしてその一般化を通じて、彼らはそれぞれ同じ構造を共有することになります。この作品構造を指して「物語」と呼びます。

生徒たちはこのようなかたちで同じ「物語」を共有します。まったく異なる紙に印刷されたまったく異なるインクの染みを眺めているにもかかわらず、彼らは「物語」という水準において疑似的な共同性を得ているのです。

ここで重要なことは、とはいえ生徒たちは依然としてまったく異なるモノを眺めており、共同性はあくまでも疑似的である、ということです。共有しているのはあくまで「物語」という抽象的な水準であって、物質的《マテリアル》な水準からすれば、彼らは依然として異なる体験をしています。まったくばらばらの体験をしている人々が、抽象化された「物語」によって部分的に結びつけられているにすぎないのです。

それは言うなれば、ところどころ穴の空いた共同性です。その意味では、つながりはゆるやかでそれほど強固な共同性とは言えないかもしれません。しかし、そのゆるやかさこそが大事でしょう。

そもそもスポーツ科クラスの授業で『こころ』を扱うことにしたのは、これまで文学とは縁遠そうだった運動部員たちに「漱石くらいは読んでおこう」というかたちで共通体験を求めたからでした。だとすれば必要なことは、物語の構造を把握して簡単なあらすじが言えることです。あるいは、作中人物を自分に置き換えてみて自分なりに共感することです。そうして「みんなで同じ物語を読んだ」というゆるやかな共通体験が得られることが、学校という場所においては大事です。逆に言えば、学校はそのような共通体験を与えるくらいしかできません。このとき文学は、孤独な単独者による「小説」ではなく、人々を部分的に結びつける「物語」として捉え返されることになります。

コミュニケーションの結果としての「文学」

ところで、柄谷行人はさきほどの論考で、「固有名はけっして一般性や集合に帰属しないようなある単独性を指示するものだ」と指摘しています（「固有名」をめぐる同様の議論は、『探求Ⅱ』という本においても展開されています）。そんな柄谷からすれば、先生・K・静といった固有の人物たちに自らの経験を重ね合わせるかたちで共感することは、各人物の「固有名を抑圧する」ことにほかならない、ということになります。

しかし授業を眺めていると、固有名は「単独性を指示するもの」ではなく、むしろ人々を結びつける側面があるのではないか、とも思えてきます。

このあたりの議論を展開しているのは、その柄谷の推薦を受けるかたちで『批評空間』からデビューした哲学者の東浩紀《あずまひろき》です。というかそもそも、わたしがさきほど提示した「固有の存在として生きているわたしたちは、にもかかわらず、なぜ他人と共感ないしコミュニケーションをすることができるのか」という問い自体、かつて東が提示した「（批評が――引用者注）その無根拠にもかかわらず、なぜそれがいまここでゲームとして成立してしまっているのか」（「批評という病」『ゲンロン４』２０１６年11月、傍点原文）という問いかけに触発されたものでもあります。

柄谷を批判的に引き継ぐかたちで議論を展開する東は、近著『訂正可能性の哲学』（ゲンロン）において、クリプキの固有名をめぐる議論を紹介するかたちで次のように述べます。

> クリプキの考えでは、固有名の指示対象はそもそも定義により決定されていない。「多くの話し手にとって、名前の指示対象は、記述によってよりもコミュニケーションの「因果的」な連鎖によって決定されている」と彼は記している。ここで「因果的な連鎖」とは、話し手が特定の固有名の意味をだれからどのように教わり、またそのひとがだれからどのように教わったのかという、きわめて具体的な伝達の連鎖を意味している。

引用部においては、「固有名の指示対象」は「具体的な伝達の連鎖」によって決定されている、ということが述べられています。つまり、柄谷においてコミュニケーションを拒否するものとして見出されていた「固有名」は、東においてはコミュニケーションの結果として捉えられているのです。

ここにさきほどのレヴィ＝ストロースの議論も付け加えておきましょう。「固有名詞」を構造の構成要素として捉える構造主義においては、固有名は「存在の固有性を表現する」かぎりにおいて固有名たりえます。したがってレヴィ＝ストロースの立場からすれば、固有名は「すべてに意味がある。さもなくば何物にも意味がない」ということになります。固有名はその機能を果たすことを通じて固有名としての意味をもつ、ということです。

構造主義的な発想をふまえ、かつ共同性と反復性を重視するわたしとしては、不断のコミュニケーションの結果として固有名の固有性が維持される、という東の議論のほうに説得力を感じます。説得力を感じるというか、日々の実感をともなった解釈だと思えます。

夏目漱石の『こころ』は昔からの定番教材だと言われていますが、冷静に考えれば、本当はみんな別々のモノを読んでいるはずなのです。しかし、にもかかわらず、「夏目漱石ってさあ……」とか『こころ』のKっていたよね」とかいったコミュニケーションのなかで、まったく異なる体験がゆるやかに共同的なものになってしまうのです。教室を超えて、世代を超えて。

このときわたしたちは、もしかしたら「夏目漱石」『こころ』「K」といった固有名を口にしながら、まったく異なる経験を語っているのかもしれません。その異なった個別具体的な経験は、場合によっては『『こころ』ってそんな話だったっけ?』「そんな場面あったっけ?」「実はこういう話にも読めるらしいよ」といったかたちで、ゆるやかな共同性の穴をつっつく可能性もあります。そうであれば、その固有名に対しては「実は○○だったのだ」というかたちで「訂正」（東浩紀）が施されることもあるでしょう。

しかし、にもかかわらず、わたしたちは一方で、固有名をフックにしながら「物語」を共有していると信じているところがあります。この同じ「物語」を信じているというかぎりにおいて、とこ ろどころ穴の空いた共同性は「訂正」を経つつ、なお保たれるのです。思想家・詩人のリロイ・ジョーンズ（アミリ・バラカ）の言葉を借りて「変わりゆく変わらないもの」とでも言いましょうか、おそらく「文学」とは、そのようなゆるやかさのなかで生成され続けているものです。

その意味では、東が「特定の固有名の再定義を不断に繰り返すことで持続する、一種の解釈共同体」と定義づける「新しい「家族」の概念」は、本書で考えるところの「文学」を取り巻く共同性に近しいと言えます。

もっともここで言う「文学」は、文芸誌ファンや文芸批評家といった強固な共同体をともなった「文学」とは異なります。そうではなくて、学校でなんとなく『こころ』を読んでそのまま通り過ぎていくような、「文学」という言葉はいちおう知っているが必ずしも活字を日常的に読まないような、そういう人たちまでをも含めた「文学」です。

第3章 最近の教科書を見てみよう

定番教材と最新教科書事情

夏目漱石『こころ』のように、長いあいだ教科書に掲載されている作品を「定番教材」と言います。この国語教育業界でしか聞かない言葉をめぐってはさまざまな議論があります。

たとえば文学研究者の石原千秋は、「どこかに道徳的な教訓が含まれていることが「定番教材」の条件なのである」と指摘しています（『国語教科書の思想』）。このような指摘には首肯《しゅこう》する人も多いのではないでしょうか。「国語」という制度について考えるにあたって、どのような力学が働いてどのような作品が「定番」となったのか、と問うことは大事なことでしょう。

ただ一方で、あらためて教員として国語教科書を眺めていると、実際に掲載され続けている作品はそうは言ってもそれなりに名作なのだな、と思うこともあります。当時はまったく気づかなかったけど意外と良いことが書いてあるのだな、と。

言葉の構築物である小説作品は、言葉という物質的条件に支えられているゆえ、時代とともにさまざまな意味を生み出します。このような意味生成のゆたかさこそ名作のいち条件である、と言ってもいいでしょう。その意味では国語の教科書って意外と使えるんですよ、みなさん。

さて、現在の国語教科書はどうなっているでしょうか。いわゆる定番教材は依然として健在だと言えます。中学校においては、ヘルマン・ヘッセ「少年の日の思い出」、太宰治「走れメロス」、魯《ろ》迅《じん》「故郷」、芥川龍之介「トロッコ」などはおなじみです。高校においても、2022年から新学習指導要領にともなってカリキュラムこそ変わりましたが、芥川龍之介「羅生門」、夏目漱石『こころ』、梶井基次郎「檸檬《れもん》」、中島敦「山月記」、森鷗外「舞姫」あたりは、いまだ「定番」として君臨しています。

もちろん各教科書においては、現役世代の作家の作品も少なからず採用されています。自身の短歌が教科書に採用されて以降、歌人（最近、タイタン所属の芸人にもなりましたね）の枡野《ますの》浩一《こういち》が「教科書に載っている歌人です」と自己紹介するのも、枡野ファンにはおなじみとなりました。

最近の現代文領域で言えば、たとえば大修館書店版『新編 文学国語（令和5～8年度用）』に朝井リョウや辻村《つじむら》深月《みづき》の名前を、明治書院版『精選 文学国語（令和5～8年度用）』に西川美和や藤野可織の名前を見つけることができます。あるいは三省堂版『精選 文学国語（令和5～8年度用）』には、松田青子《あおこ》、堀江敏幸、朝吹真理子なんかの名前もあります。詩人の蜂飼耳《はちかいみみ》の名前もありますね。

同時代性という意味では三省堂はけっこう攻めているところがあって、『新 文学国語』の目次を眺めると、SEKAI NO OWARI「RAIN」（これは合唱曲の「定番」でもあります）が掲載されていたり、そのSEKAI NO OWARIのメンバーである藤崎彩織のエッセイが載っていたりします。タレントの渡辺満里奈が読書案内をしているのも印象的ですね。

知人も教科書に載っているよ

さらに言うと、三省堂は評論サイドもかなり強く同時代性が意識されています。具体的には、杉田俊介、千葉雅也、宇野常寛《つねひろ》、古市憲寿《のりとし》、斎藤幸平といったように、なんか共通の知人がたくさんいそうな方々が名前を連ねています（というか、千葉さんとはトークイベントをしたことがあるし、杉田さんにいたっては年上の友人という感じです）。自分と同年代くらいの批評家・評論家が教科書に掲載されているのは喜ばしいことですね。

もっとも同時代で活躍している人が教科書に掲載されるのはまったく珍しいことではありません。当然のことながら、いつの時代も教科書は新しい著者を登用することで清新な風を吹かそうとします。上記の面々も、そのような清新さをもたらす顔ぶれという感じがします。

このような傾向は、石原千秋なんかに言わせると「どの教科書も受け狙いに走っている」（『国語教科書の思想』）ということになるのでしょうが、キャッチーな固有名に反応して嫌味を言うことは、夏目漱石や芥川龍之介といった文豪の固有名を無批判に称揚してしまうことと裏表の態度だとも言えます。軽薄なタチのわたしは「少しくらい受け狙いでも良いじゃないか」と思ってしまいます。

ただいちおう正直な気持ちを付け加えておくと、次のようなことは思います。たとえば社会運動と文芸批評から出発した杉田俊介さんですが、『精選 文学国語（令和5〜8年度用）』に採用されている文章は『宇多田ヒカル論――世界の無限と交わる歌』（毎日新聞社）から抜粋されたものです。もし教科書に採用されることによって、その思索のほんの一端である『宇多田ヒカル論』のみ杉田さんの著作としてフィーチャーされることになれば、それは杉田さんの読者としても友人としても複雑な気持ちになる気がします。

あるいは、哲学者の千葉雅也さんの場合、『精選 論理国語（令和5～8年度用）』の「コラム」の項目として『ツイッター哲学』（河出文庫、原題は『別のしかたで――ツイッターの哲学』として河出書房新社）の一部が掲載されています。掲載ページには「コラムを参考に、自分でタイトルを付けてつぶやいてみよう」という文言も付されています。

わたしは千葉さんの著書のなかでも『ツイッター哲学』はとくに好きなのですが、個人的にはこの本は、ツイッターの言葉が縦書きでレイアウトされることによってスマホのタイムラインとは異なる速度感で読めることが魅力だと思っていました。ウィトゲンシュタインの『哲学探究』のような断章形式の本としての魅力ですね。しかし教科書ではツイッターを模したようなレイアウトになっていて、実際の千葉さんのアイコン写真まで掲載されています。これはこれで面白いですが、わたしが感じていた魅力と異なるものではありました。

いずれにせよ、教科書だと思って頭から馬鹿にすることなかれ。そこには文学研究者や教育関係者の試行錯誤の跡を見ることができます。国語の教科書にすっかり馴染みがなくなってしまった読者のかたは、よかったら各教科書会社のホームページで目次でも覗いてみてください。なかなか面白いことになっていますよ。

「少年の日の思い出」における教科書の読解

では、実際に教科書に掲載されている作品について考えてみましょう。まずは中学1年生の定番教材の筆頭である、ヘルマン・ヘッセの短編「少年の日の思い出」（1931年）について。

「少年の日の思い出」という作品は、1947年に文部省発行の『中等国語二』の教材として採用されて以来、現在にいたるまで多くの教科書で読み継がれています。教材としての人気もそれなりに高いようで、とくに作中のエーミールの「そうか、そうか、つまり君はそんなやつなんだな」（高橋健二訳。以下同様）というセリフは印象的なものとして記憶している人も少なくありません。

そんな「少年の日の思い出」は、語り手「私」のもとに「客」（回想シーンにおける「僕」）が訪れるところから始まります。「私」にチョウのコレクションを見せられた「客」は、少年時代におけるチョウをめぐる思い出を語り始めるのですが、その回想で明らかになるのは、かつて「僕」（＝「客」）が友人のチョウを盗もうとして、さらには結果的に壊してしまった、という苦い過去です。物語は、罪の意識にさいなまれた「僕」がコレクションであるチョウを自らの指で潰すところで閉じられます。

このよく知られた作品は、子ども時代に犯してしまった罪やその葛藤を描いている点で学校という場と相性がよく、だからこそ長らく教科書に採用されているのだと考えられます。たとえば、東京書籍の教員用指導書における「主題」の項目には、次のように書かれています。

この結末の持つ意味、「僕」の心に働いていた思考を読み取ることが、主題の把握につながる。「罪」という視点からは、「一度起きたことはもう償うことができないという現実の厳しさの自覚」と理解でき、「少年期」という視点からは、「純粋な美への熱情が大人社会の規範意識の中で挫折したことを受けて、少年期と訣別する僕の決意」と理解できる。主題の捉え方には幅があってよい。しかし、最も大切にしていたものを犠牲にするという行為を自分に課した「僕」の心の痛みを理解したうえでの主題把握でありたい。

主要な作中人物の心情に自らを重ね合わせる、というのはオーソドックスな読解のスタイルであり、その意味で東京書籍が示す上記の読解は、教室で「少年の日の思い出」を読むうえでの基本線を示していると言えます。

いくつかの教科書を眺めると、「クジャクヤママユのうわさを聞いてから、それを盗み、壊してしまうまでの「僕」の心情の変化を、場面の展開に沿ってまとめよう」（『中学国語1』光村図書）というのが、授業のハイライトだと言えそうです。そのうえで、「僕」が自分のコレクションを「指で粉々に押し潰してしまった」ことの意味について考えよう、と。ようするに、友人であるエーミールのチョウ（クジャクヤママユ）を盗もうとして結果的に壊してしまった「僕」の心情を生徒にも追体験してもらおう、というわけです。

このような共感にともなう追体験にあたって物語を構造として捉える態度が必要となることは、前章で述べたとおりです。ここでは、他人の欲望を模倣するように自らの欲望を生成させる「欲望の三角形」（ルネ・ジラール）とでも言うべき構造を確認することも大事でしょう。「少年の日の思い出」という物語は、この構造の明快さゆえに『こころ』同様「わかりやすい」作品である、と言うことができます。

もっとも最近は、生徒の心情と「僕」の心情とを同化させすぎないような向きもあります。というのも、学校図書や光村図書の教科書では、一方で「視点を変えて、別の登場人物の立場から、その場面を書き換えてみよう」（学校図書）、「「僕」以外の人物を語り手にして作品の一場面を書き換えてみよう」（光村図書）という「目標」が書かれています。つまり、「僕」の心情を追うと同時に、チョウを壊されたエーミールや罪を告白された母親の側から物語を読んでみよう、ということです。

複数の視点から物事を判断するというのは、メディアリテラシー教育を重視する現在の国語の基本的な態度と言えます。近年においてはおそらく、このメディアリテラシー的な発想が「少年の日の思い出」に適用されているのではないかと思います。

実際、東京書籍版の指導書では「授業のヒント」として、「少年の日の思い出」を「メディアリテラシーの視点の育成につなげる」という授業展開が提案されています。このように中学校段階においては、小説作品に対しても「論理国語」的な発想が意識されていると言えます。

「少年の日の思い出」における語りの構造

では、なぜ「少年の日の思い出」においてはこのような複数の視点に注意を向けさせられるのでしょうか。もう少し言えば、「少年の日の思い出」という物語において、複数の視点への注目はどのようなかたちでなされるのでしょう。

結論から言うと、そこには、この作品における語りのありかたがかかわっています。「少年の日の思い出」は、前後半で語り手が「私」から「僕」（＝「客」）に変わるのですが、いくつかの教科書においては、このような語りの構造の指摘とセットで複数視点へのうながしがおこなわれています。

たとえば、さきほどの「「僕」以外の人物を語り手にして作品の一場面を書き換えてみよう」という目標の前段には、「この作品では、クジャクヤママユをつぶされた「エーミール」の気持ちや「僕」を「エーミール」のもとに送り出した「母」の気持ちは語られていない」と指摘されています（光村図書）。

つまり、ほとんどが「僕」の「思い出」で埋め尽くされている物語は、かえって「僕」以外の人物の心情を想像する余地を与えている、ということです。それは逆に言えば、「僕」の語りを必ずしも絶対視してはいけないことを示しています。実際、光村図書版には「描かれた出来事には語り手の価値観が表れる。他の人物の視点から捉え直すと、語り手や作品への理解が深まる」と書き添えられています。

このように「少年の日の思い出」という教材は、「僕」の心情に自らを重ねるという従来的な読解を学ぶ題材であると同時に、物語における語りの役割を学ぶ題材でもあるのです。

たしかに教員の立場からすると、「少年の日の思い出」は、語りの構造を学ぶための題材としてそれなりに使い勝手が良いと思えます。実際わたしも、「少年の日の思い出」を例にしながら語りの機能について説明したことがあります。

作中人物の心情のみを追うような読みかたは、いかにも国語教育的な態度として批判的に言及されることがしばしばあります。国語というものに対しては、このような悪しき心情主義のイメージをもっている人も多いでしょう。文学研究や文芸批評においては、いったん心情主義から離れた地点で作品構造を捉えることが基本となります。

しかし、そのような国語イメージとは裏腹に、小説を読むうえでの語りの構造の把握はいちおう中学1年生のときに学ぶことになっている、とも言えるのです（もちろん、実際の授業は必ずしも教科書に沿うわけではないので、実態がそうとは言いきれないのですが）。

ある作品なり物語なりを分析するうえで語りの構造を明らかにすることは、ある時期以降の文学研究において必須の態度です。文学研究者の小森陽一は、文学理論について解説的に書かれた『読むための理論』（世織書房）の「語り」の項において、次のように書いています。

自らの過去を語る「私」は、物語行為つまり語りを行っている時空に位置する「私」と、過去の物語内容における語られる主人公としての「私」といった二重性を内在していることになる。原理的には物語られる内容（事件の全体）がすべて終わったあとに、はじめてそれについて物語る語りの行為が始まる。語りへの注目は、語っている時間の中で発生する語り手の意識の内的事件をも物語内容に組み入れて、小説を読み直すことを可能にする。

引用部に即して考えるならば、「少年の日の思い出」における回想に対して、そのまま当時の「僕」の心情を読み込むことはできません。そこで回想されていることは、大人になった「僕」（＝「客」）の価値観や考え、もっと言えば、なんらかの明確な意志をもって語られたものということになります。だとすれば、「僕」の罪の意識に同調するというオーソドックスな読解態度は、道徳心を養うためには良いかもしれないが作品読解としては的を外している、ということになります。

国語教育と文学研究との相性の悪さはしばしば言われることですが、「少年の日の思い出」における語りへの注目に関して言えば、それなりに文学研究の成果が国語教育に取り入れられていると言えるでしょう。

ここでは「僕」の心情に寄り添い共感することからいったん距離を取り、語りの水準から作品構造を捉え返したいと思います。

教育出版版における語りの解釈

「少年の日の思い出」における語りの問題について考えるにあたって、少しだけ寄り道したいと思います。ここで注目したいのは教育出版の教科書です。

数ある教科書のなかで、「少年の日の思い出」における語り手への意識をいちばん打ち出しているのが教育出版だと言えます。教育出版の教科書では、本文の直前にわざわざ「語り手にご注意！」というページを設け、以下のような「少年の日の思い出」を読むにあたっての留意点が書かれています。

『少年の日の思い出』は、「客」と「私」が書斎で話している現在と、「客」の少年時代が語られる過去があり、「額縁構造」に近い構成になっているものの、現在に戻ることはありません。現在は「私」が語り、過去は「客」(＝僕)が語ったと捉えがちですが、そうではなく、「友人はその間に次のように語った。」とあることからも、「客」の回想場面は、「私」が「客」の話を聞いてまとめ、語り直したと読むことができます。回想場面は「僕」の視点から語られているため、「エーミール」の考えや気持ちは直接描かれていません。この点にも留意して作品を読んでみましょう。

教育出版版の大きな特徴は、作品のメイン部分となる物語後半の「客」（＝「僕」）の回想について、「私」が「まとめ、語り直した」と解釈しているところにあります。「客」（＝「僕」）の回想は、「客」が直接語ったものとして「客」＝「僕」の言葉と見なすことが多いので、これは、教育出版版による独自解釈だと言えるでしょう。この立場を採るならば、物語後半の「客」（＝僕）の回想のなかに「私」の価値観が入り込んでいることになり、なかなかに複雑な読解が要求されることになります。

なぜ教育出版版では、このような解釈が採用されているのでしょう。おそらくそこには、教育学者の竹内常一《つねかず》の影響があります。竹内はまさに、「僕」の回想を「私」の「語り直し」とする解釈を提唱している人です。その竹内は、「少年の日の思い出」について次のように述べています。

> この作品が戦後一貫して中学国語教材でありつづけてきたのは、日本の学校が「自己反省」「自己実現」を生徒に強要する「反省主義」を本質とし、いまもしているからです。この作品がそのような学校文脈の中に投げ込まれるとき、それは（…）権力の意図を先取りする反省主義に陥れるものとなるのではないですか。
>
> だからこそ私は、出来事の「わたし」による語り直しと「彼」による再意識化を問題にしたのです。
>
> （田中実・須貝千里編『文学の力×教材の力　中学校編1年』教育出版）

国語教育における「反省主義」から脱却するためにも語りの構造を意識しなくてはならない、というのが竹内の主張ですが、この発言が掲載された『文学の力×教材の力』の出版元こそ、ほかならぬ教育出版です。教育出版版の教科書は、このような議論を経ているからこそ「少年の日の思い出」における語りの構造を強調するのです。

読者のなかには、学校の教科書というのは保守的でいつまで経っても変わらないものだと思う人もいるかもしれません。もっと言えば、小説をダシにして通俗的な道徳を教え込もうとするものだと思う人がいるかもしれません。しかし実際には、文学研究の成果や議論を反映しようという態度もそれなりにあります。また教科書によって編集委員も異なるので、教科書によって採用されている学説が異なっていることもあります。いくつかの教科書を読み比べると、同じ教材に対してどの教科書がどのような解釈しているか、という微妙な違いが見えてきます。

「僕」の盗みをめぐって

さて、「少年の日の思い出」における語りの構造に意識を向けたとき、読者としてなにより大事なことは、さきほども述べたように、少年時代の「僕」が語っている内容を絶対視しないことです。「僕」が語っているチョウをめぐる物語は、他の視点（たとえば、エーミールの視点）から見たらまったく異なる物語として立ち現れるかもしれません。ましてや、それが遠い過去の出来事の回想であるならば、そこには、大人になった「僕」（＝「客」）の価値観なり考えなりが入り込んでいる、ということにもなります（教育出版版の解釈では、「私」の価値観が入り込んでいることになります）。

たとえば「僕」は、エーミールのクジャクヤママユを盗んだときのことを次のように語ります。

胸をどきどきさせながら、僕は紙切れを取りのけたいという誘惑に負けて、留め針を抜いた。すると、四つの大きな不思議な斑点が、挿絵のよりはずっと美しく、ずっとすばらしく、僕を見つめた。それを見ると、この宝を手に入れたいという逆らいがたい欲望を感じて、僕は生まれて初めて盗みを犯した。僕はピンをそっと引っ張った。チョウはもう乾いていたので、形は崩れなかった。僕はそれを手のひらに載せて、エーミールの部屋から持ち出した。そのときさしずめ僕は、大きな満足感のほか何も感じていなかった。

引用部においては、「僕」がエーミールの大事なクジャクヤママユを手にするまでの経緯が、たいへんドラマティックに描かれています。この直後、「僕」は「誰か」の足音を聞いて「良心が目覚め」、罪の意識にさいなまれていくわけですが、これが「僕」の視点からの語りであるということに意識的になるならば、この一連の流れも絶対視するわけにはいきません。

たとえば、学校図書や光村図書の教科書にもあるように、コレクションを盗まれ、壊された側であるエーミールの立場で「僕」のこの話を聞かされたとき、その内容ははたして納得できるものでしょうか。というのも、引用部含め「僕」の語りは非常に言い訳じみているところがあります。「盗みを犯した」のは「生まれて初めて」であり、しかもそれは「逆らいがたい欲望」のせいなのだ。しかも、かつて「挿絵」で見たクジャクヤママユの羽根にある「四つの大きな不思議な斑点」が「僕を見つめ」てきたのだ。そもそも、「部屋の戸をノックしたが、返事がなかった」のだ（つまり「返事」があれば部屋になど勝手に入らなかったのだ）云々――。

ここで「僕」が語っているのは、たしかに自分は盗みを犯してしまった、しかし、そんなつもりではなかったのだ、というストーリー（物語）です。この「そんなつもりはなかった」という部分が、言い訳じみていると感じられます。

実際、「部屋のドアをノックし」て「返事がなかった」のならば、わざわざ「ドアのハンドルを回」す必要はないでしょう。展翅《てんし》板《ばん》に刺さっている「留め針を抜」くのも、「そんなつもりはなかった」にしてはなかなか大胆な行為です。クジャクヤママユを手にした「僕」は、「大きな満足感のほか何も感じていなかった」と無我夢中かのように語っていますが、そのわりにはしっかりと「チョウを右手に隠して」もいます。

だとすれば、実際には「僕」は意志的に盗みを働いたのだ、という意地悪な解釈も成立しえます。もっと疑いの目をむけるならば、最初から計画どおりに行動をしていた可能性すらあります。少なくとも、盗まれ壊された側のエーミールは、「僕」の「そんなつもりはなかった」という弁明に対して、嘘をついているようにしか思えなかったとしてもおかしくありません。有名な「そうか、そうか、つまり君はそんなやつなんだな」というエーミールの言葉は、その可能性をふまえたうえで読むべきでしょう。

「少年の日」にとらわれる「僕」

作中で「子供としては二倍も気味悪い性質」をもつ人物として登場するエーミールは、ラストにおいて「ただ僕を眺めて、軽蔑していた」と語られます。「少年の日の思い出」を読んだことのある読者のなかには、エーミールに対して悪いイメージを抱いている人もいるかもしれません。実際、中学生に初読の感想をたずねると、少なくない生徒がエーミールに対して性格の悪さを指摘します。

しかし語りの構造に注目してみれば、このエーミールに対する印象自体が「僕」によって作られたものということになります。だとすれば「僕」は、意志的に盗みを働いた自分を正当化するためにこそ、エーミールを性格の悪いやつかのように語っているのだ、という解釈も成り立ちます。

さらに言えば、以上のような語りが大人になった「僕」（＝「客」）によってなされている、という点に注目したとき、「僕」は大人になってもなお、自分の罪に向き合えないまま言い訳じみた正当化を続けている、という解釈だって成り立ちます。「僕」（＝「客」）は、チョウのコレクターである「私」をエーミールに見立てて、かつてエーミールに試みた弁明をくり返しているのだ、と。

この解釈は、すでに成長して大人になった「僕」（＝「客」）がかつての少年時代の過ちを振り返っている、という従来的な読解を揺るがすものでもあります。この方向性で読むならば、依然として自分の罪に向き合えていない「僕」は、いまだ成長できずに「少年の日」にとらわれ続けていると言えるのです。

こうして考えていくと、東京書籍版で示されていた「一度起きたことはもう償うことができないという現実の厳しさの自覚」という主題は、かなり素朴なもののように思えます。なぜなら、正当化を続ける「僕」はそもそも自分の罪に向き合えておらず、したがって「償う」という段階にいたっていないからです。

エーミールの立場をふまえて解釈したとき、「少年の日の思い出」の主題は、「一度起きたことはもう償うことができない」という物語ではなく、そもそも「償うこと」から目を背けてしまった、という物語として読むことができます。光村図書版の教科書の助言を参考にして、「描かれた出来事には語り手の価値観が表れる」ということをふまえ「他の人物の視点から捉え直」したとき、「少年の日の思い出」は一般的なイメージとは違って、子ども時代に犯してしまった罪とその葛藤という物語が見出されるのです。

そんなつもりはなかったのリアリティ

以上のような解釈は、古典的な「少年の日の思い出」のイメージを相対化するものです。この相対化は同時に、「現在の国語という教科の目的は、広い意味での道徳教育なのである」（石原千秋）という従来的な国語観を刷新しようとするものであります。

「少年の日の思い出」は現在でも多くの教科書に収録される定番教材ですが、いくつかの教科書では、語り論という文学研究・文学理論の成果を活かして、従来的な「一度起きたことはもう償いができない」という通俗道徳的な主題から距離を取ろうとする姿勢が少しだけうかがえます。

そのことを認めたうえで、もう少しだけ「少年の日の思い出」を見てみましょう。

さきほどの解釈のポイントは、「僕」が意志的に盗みを働いたにもかかわらずそのことを認めていない、ということです。すなわち、そんなつもりはなかったのだ、と。

このような物言いは、小中学生と話しているとしばしば出くわすことがあります。たとえば、ある児童・生徒がなにか他人の持ち物を取って自分のかばんに入れた（入れてしまった）。説諭をするにあたって教員側が「なぜ、盗ったのだ」と問いただすと、「いや、盗むつもりはなかったのだけど、なんとなく……」といったような具合です。

その後、さらに教員は、「なんとなくで他人の物を自分のかばんになんか入れないだろう、普通」と追及するかもしれません。「あなたがおこなったことは窃盗で、れっきとした犯罪なのだぞ」とか。

このとき、その彼がもし勘違いで自分の物と他人の物を取り違えてしまっていたなら、その他人の物と似た自分の持ち物を片手に、もっと明確に「違うのだ、自分のこの持ち物と間違えてしまったのだ」と弁解するでしょう。その意味で、彼は不可抗力で他人の物を手にしたわけではなく、ある程度は意識的に物を取った（盗った）のだと言えます。しかし彼が抱く感触からしたら、それはやはり盗みとは決定的に異なるのです。すなわち、次のような感じです。

あらためて「なぜ」というかたちで理由をたずねられたら、その答えに当てはまるような明確な動機はなかった。最初から盗もうと決意したわけでもなかった。それは「なんとなくそこにあったから取った」としか言えない程度の意志でしかなかった。だから、教員に「それは窃盗だぞ」と言われても「はあ」としか言えないし、場合によっては「自分は窃盗などしていない」と抗弁してしまう。それほどまでに「窃盗」という言葉の響きは、そのときの彼の気分とかけ離れている。教員側は、彼が盗みの事実を受け止め反省することを望んでいるのに――。

わたしにとってはそれなりにリアリティがあるエピソードですが、どうでしょうか。このとき、彼の意志的と言えば意志的な、そうでないと言えばそうでないような行為について、どのように考えたらいいのでしょう。

中動態として考える

これについては、哲学者の國分功一郎《こくぶんこういちろう》と当事者研究の熊谷晋一郎《くまがやしんいちろう》による意志と責任をめぐる議論が参考になります。國分は「中動態」という概念を参照したうえで、意志と責任について次のように述べます。

さて、あらゆる行為は選択と見なすことができます。朝までゲームをするという行為は、寝るのではなくてゲームをするという方を選択しているわけです。そして、行為すなわち選択は、意志の有無と関係ありません。ただそのような行為すなわち選択がなされているだけです。ところが、責任を問われなければならない場面になると、突然、意志という概念が現れてきて、その行為すなわち選択に飛びつくのです。

（『〈責任〉の生成――中動態と当事者研究』新曜社）

國分によれば、「行為すなわち選択」は必ずしも「意志」をともなっていません。「両者はまったく別のものであって、まずはこれを区別して考えないといけない」のです。この認識は大事なものでしょう。また國分は、同じところで次のようにも述べています。

本当は「意志」があったから責任が問われているのではないのです。責任を問うべきだと思われるケースにおいて、意志の概念によって主体に行為が帰属させられているのです。

さきほど想定した児童・生徒のケースを國分の議論になぞらえて考えるならば、次のようになります。すなわち、他人の物を自分のかばんに入れるという彼の行為は《意志のともなわない選択》

としてあった、と。だとすれば、盗みの意志を確認してその行為に対する反省を促し、そのうえで責任を取らせよう、という教員側の思いは、最初の「盗みの意志を確認」しようという時点でズレてしまっているのかもしれません。

個人的な意見ではありますが、こういうときに大事なことは、意志を確認して彼の嘘を暴こうとすることではなく、「外から見たらその行為が盗みを意味することは理解できますか」という確認だと思います。「盗んだ」ことをすぐに反省させるのではなく、まずは「盗みを意味する」ようなことをした、ということに思いいたることが大事でしょう。

微妙な違いではありますが、そのような認識からのほうが適切なかたちで反省も責任も生じるだろうと、経験上はそう思います。逆に、意志を確認するような追及を続けると、生徒・児童は、その場をやりすごすための意志（つまりウソ）をでっち上げることを覚えるようになってしまいます。

語り論は加害性を告発する

ずいぶん遠回りをしてしまいました。國分における中動態をめぐる議論を念頭に置いたとき、「少年の日の思い出」の「僕」の行為は、必ずしも明確な意志がともなわないものに見えてきます。中動態の発想においては、主体は自らの意志によってその行為をしているのではなく、自分が行為の場になっているというふうに考えます。だとすれば、クジャクヤママユからの誘惑に魅入られるようにエーミールのクジャクヤママユをポケットに入れる「僕」には、まさに中動態的なリアリティが見出せるのです。

そのように考えるならば、文学研究の成果を適用するかたちで、語る主体とその意志を明確なものとして捉えようとすることにも、また慎重にならなくてはいけません。

ある時期の文学研究における語り論においては、語る主体をあまりにも明確な意志をもったものとして捉えすぎるきらいがあると感じます。しかし実際には、主体というのはそれほど明確に措定できるものではないでしょう。

たしかに「僕」は、クジャクヤママユの盗みと破損に対して、言い訳じみた弁明をしています。それは、壊された側のエーミールからしたら、自分の行為を無理やり正当化するような詭弁《きべん》に思えるでしょう。「僕」は責任を逃れようとしているのだ、そういう意志のもと語っているのだ、と。しかしそれは、エーミールのコレクションであるクジャクヤママユを壊してしまった地点から、事後的に意志を見出そうとする態度にほかならないのです。

ここで重要なことは、この「僕」に対する追及的な態度が、「少年の日の思い出」における語りの構造を分析するなかで見出されることです。

「語りへの注目は、語っている時間の中で発生する語り手の意識の内的事件をも物語内容に組み入れて、小説を読み直すことを可能にする」（小森陽一）という読解態度は、「なぜこのように語ったのか」というかたちで、語る主体の意志というものを必要以上に強く想定しがちです。やや大げさに言えば、語り論という作品分析の手法こそが「僕」の意志を想定し、加害性を告発し、その責任の追及をうながすことになるのです。しかしそのような態度は、ともすれば中動態的なありかたを見落としてしまうでしょう。

失敗し続ける「僕」の償い

このように考えたとき、「少年の日の思い出」における「僕」の回想場面において注目すべきは、むしろ「僕」において能動態的な「意志」と中動態的な「選択」が混在している、ということでしょう。

「僕」は、クジャクヤママユを盗み、壊した、という「少年の日」における決定的・致命的な行為をどうしても意志的な行為として位置付けることができない。だから、どんなにエーミールや母に責任を追及されても、「償い」は失敗し続けてしまう。中動態という観点から読んでみれば、そのような「僕」像を見出せるかもしれません。だとすれば「一度起きたことは、もう償いのできないものだと悟った」という有名な一節も、自らの行為を意志的なものとして位置付けられないものとして読むべきでしょう。

そのように考えると、かつての一連の出来事について大人になった「僕」（＝「客」）が語っていることの意味も見えてきます。

さきの意志と責任をめぐる議論のなかで、熊谷晋一郎は「過去を遮断し振り返らない歴史なんてあるのだろうか。歴史修正主義ではないですが、個人史や歴史を含めて過去を遮断した状態で人が責任を取ることができるのか」と問うています。熊谷・國分の立場からしたら、中動態としておこなった行為に対して、事後的に意志を持ち出すかたちで責任を取ることは「堕落した責任」（國分）ということになります。

だとすれば、意志の所在を曖昧にする一見責任逃れをしているような「僕」＝「客」の語りこそ、責任を取るための第一歩になりうると言えるのかもしれません。國分はさきの熊谷の発言の直後、次のように応えています。

不思議ですね。中動態といえば何か無責任な印象を受けても仕方ないのに、責任について考えていくと、むしろ中動態的なものがなければとても責任を引き受けるに至ることができないことがわかってくる。つまり、詫びる気持ちが、自分を場所として、過去の振り返りを通じて過去との連続性のなかで出てきたときに、責任ということがはじめて言えるのではないか。つまり過去を「前にして」、それに応答しようとするとき、はじめて責任の気持ちが生まれてくる。

「僕」＝「客」が、かつてエーミールのクジャクヤママユを盗み、壊してしまったという事実に対してどのように責任が取れたのか／取れなかったのか、ということは作品には描かれていません。むしろ、その点をあきらかにしないことによって、「僕」をめぐる解釈の幅が担保されていると言えます。

とはいえ、中動態という観点から見たとき、定番教材である「少年の日の思い出」には新しい側面を見出すことができます。そんな「少年の日の思い出」は、当事者研究以降の時代において現代的なリアリティを持っていると言えます。中動態の観点から考えたとき、「少年の日の思い出」における「僕」＝「客」の語りは、責任逃れではなくむしろ責任を取ることに向けた行為として捉え返されます。

定番教材である「少年の日の思い出」を中動態という観点から読みなおすことは、長らく定番教材となっている作品の解釈を更新することになるでしょう。そしてその解釈は結果的に、教室という場において通俗的でないかたちでの道徳的意味をも帯びるのかもしれません。

三崎亜記「ゴール」と寓話

比較的新しい教材にも目を向けてみましょう。

現在、三省堂版の『言語文化』（令和5〜8年度用）の教科書には、三崎亜記の「ゴール」という掌編小説が掲載されています。「ゴール」という作品については以前ある媒体で論文を書いたことがあるのですが、ありがたいことにその論文は参考資料として指導用ガイドに掲載されています。せっかくなので「ゴール」について紹介したいと思います。

あらすじは以下のとおりです。物語の冒頭、会社員だと思われる語り手「私」は、「ゴール」と書かれた横断幕があることに気づく。その「ゴール」が設営された場所には「係員らしき女の子」が退屈そうに座っている。「私」は、その「女の子」と「ゴール」をめぐる会話をするのだが、「女の子」の説明は要領を得ない。そして一週間後、その場所からは「ゴール」がなくなっている。物語の後半には、その「ゴール」を目指している「男性」が登場するが、この「男性」も謎が多い。最後は、「通勤の流れ」から「はじき出されるように路地へ入り込ん」だ「私」に、「やる気のなさそうな女性の声」が「スタート」を宣告して、物語は閉じられる。

どこかカフカの「掟の門」なんかを想起させるこの物語の特徴は、不条理で寓話的であることだと言えます。一見すると不可解でなにがなにやらよくわかりません。高校1年生の生徒にも読んでもらったのですが、ある女子生徒などは「え、なにこれ意味不明」とキレていました（この一方的に読まされながらキレている感じも学校でしばしば見かける風景です。読ませているのはこちらではあるのですが）。

ポイントは、この物語が寓話的だと思えるかどうかだと思います。寓話とは『イソップ物語』に代表されるような、ほかの物事にたくして真意を比喩的に表現した話です。だとすれば読むにあたっては、物語の背後にある寓意を意識する必要があるでしょう。「ゴール」とははたしてなんの比喩なのでしょうか。

ここで個人的な見解を述べておくと、「ゴール」はなかなか教材に適した作品だと思います。というのも、一見不可解にも見えるこの物語は、ある観点から捉えると構造が浮かび上がってくるようなところがあり、その意味において「わかった」という経験を得やすいのではないか、と思うからです。

寓話を読んで比喩を通じてなにかしらのメッセージを受け取るというのも、構造への意識にかかわるものです。たとえば「うさぎと亀」の話であれば、わたしたちはうさぎと亀をそれぞれ《能力は高いが慢心家》と《能力は低いが努力家》という対立構造のなかで捉えることになります。そうして、抽象化された構造の構成要素としての「うさぎ」と「亀」の位置に自分を当てはめます。このような作業を通じて、寓話はたとえば教訓としてわたしたちにメッセージされるのです。

このように考えると、国語教材としてふさわしい作品の条件は、厳密に言うと道徳的・教訓的というわけではありません。明確な構造をもっているという条件がまずあって、その条件ゆえに結果的に読者に道徳的メッセージがもたらされやすい、と考えるべきです。したがって、道徳的ではなくとも構造が明確に抽出できる、という点において教材にふさわしい作品というものもありえます。「ゴール」はそのひとつです。

派遣労働の「女の子」

「ゴール」には、ある時代の雰囲気とでも言うべきものが漂っています。もっとも時代についてははっきりと書かれているわけではありません。ただ、作中のアルバイトの「女の子」が「スマートフォンをいじ」っているところを見ると、漠然と現代であると考えられます。作品が発表された2014年といったところでしょうか。

まず注目すべきは、このアルバイトの「女の子」です。この「女の子」こそ、物語にある時代の雰囲気をもち込んでいます。

というのも、この「女の子」は「毎日、この場所で（待っているのか——引用者注）？」と問う「私」に対して、「一か月前からよ。ここは今週いっぱいって契約だから、来週からはまた別の場所に出すことになりそうね」と答えます。「今週いっぱいの契約」というのは、特定の場所に一定期間「ゴール」を出すことが「契約」で決められているということでしょうか。この「契約」の内実もよくわからないのですが、ひとつ言えることは次のようなことです。

すなわち、「女の子」は派遣社員のようなかたちでこの場所におり、来週になったらまた別の場所へ派遣されるだろう、ということです。いや、「女の子」が「契約」期間の終了とともに、仕事を辞めないともかぎりません。「二年前」からこのアルバイトをしているという「女の子」は、あきらかにこの仕事を自分にとって重要なものとして位置付けていません。

この雇用の流動性を生きるフリーターの「女の子」が、経済不況に覆われた2000年代の雰囲気をよくあらわしています。というか、実際に頭に浮かんでくる光景があるのです。

わたしは大学受験をするのが嫌で大学付属の高校を選んだのですが、高校3年生次のクラスにはそんな大学付属の高校では珍しく、大学進学をしなかった「女の子」がいました。多くの人が同じ大学に行くなかでその「女の子」は別の道を歩んだので、当然、高校卒業後に会う機会はありません。風の噂でガールズバーで働いていると聞いたけど、本当かどうかはよくわかりません。

思い出すのは、わたしが大学1年生か2年生のときの2003年くらい、その同級生の「女の子」が地元の駅まえでティッシュ配りのアルバイトをしていたことです。たしかパチンコ店かなんかのティッシュを配っていたかと思います。そのとき彼女は次のように言っていました。――「今週いっぱいはここでティッシュ配ってるよ。でも、来週は大宮」。

つまりわたしの同級生も、「ゴール」の「女の子」と同じように派遣のアルバイトをしていたのでした。「ゴール」の「女の子」の描写を読んでいると、このときのことが思い出されます。

そういう意味では、「ゴール」の「女の子」をめぐる描写はリアリティがあります。実際、派遣社員は2000年代を通じて急増しました。社会学者の本田由紀によると、とりわけ2003年から2007年のあいだに派遣社員は50万人から133万人に激増しています（『毀れた循環――戦後日本型モデルへの弔辞』『思想地図 vol.2』NHK出版）。その背景には、小泉純一郎政権下で2004年と2006年におこなわれた派遣労働者法改正が指摘できるでしょう。

バブル崩壊後の1990年代初頭から2000年代、就職氷河期の煽りを受けて正社員になれなかった人が多くいました。氷河期どん底の1999年になると、企業の求人倍率はとうとう0・5を割り込んでしまいます。派遣社員に代表される非正規雇用の増大の背景には、そのような状況があるのです。就職活動が就職氷河期にあたっただいたい1970年～82年生まれくらいの世代を指す「ロストジェネレーション」という言葉も、すっかり市民権を得ました。

非正規雇用と正規雇用の対立

さて、この時期の非正規雇用の比率は男性よりも女性のほうが高いとされていますが、だとすればこの「女の子」は、2000年代に増えた派遣社員のひとりを抽象的に示したものだと言えるでしょう（この抽象性という点において「ゴール」はカフカっぽいんですよね）。

そんな「女の子」が「アルバイトの無責任さを体現するように」と形容されているのは興味深いところがあります。というのも「女の子」は気だるそうに仕事をしていますが、「アルバイトの無責任さ」という表現に注目するとき、その態度は「女の子」の個別の性格というよりも、あくまで抽象化された《非正社員》としての性格とされるからです。

では、なぜアルバイトや派遣社員は仕事に対して「無責任」になりがちなのでしょうか。このこともやはり雇用の流動性とかかわっています。社会学者の阿部真大は次のように指摘します。

同じ職務内容でありながら労働者が分断されるとき、当事者たちはその論拠を、仕事の専門性とはまた違う点に求めるようになります。私がインタビューした経験で言うとそれは、「責任の有無」という、曖昧模糊《あいまいもこ》とした基準です。

ある派遣社員の女性は、「正社員は責任が重いし、長く勤めるつもりもないから、派遣社員をしている」と言いました。派遣社員にとっては、責任の有無という基準が、みずからの雇用の不安定さや賃金の低さを正当化するものとなっています。ずっと勤めるつもりはないから派遣社員のままでいるという言い方の背後にあるのは、「正社員は終身雇用だ」という共有された意識です。

（『ハタチの原点――仕事、恋愛、家族のこれから』筑摩書房）

阿部によれば、「責任の有無」は「雇用の不安定さや賃金の低さ」を正当化するものとして機能しています。だとすれば「女の子」の「無責任」さとは、仕事を長期間続ける気がないことのあらわれと言えるでしょう。

阿部はさらに、その「無責任」さの背後に「正社員が終身雇用だ」という「共有された意識」が存在する、と指摘しています。だとすれば、ここにおいてアルバイトの「女の子」と会社員の「私」が雇用形態という点で鋭く対立されていることがわかります。すなわち、非正規雇用と終身雇用という対立です。

バブル入社組の野原ひろし

　そもそも、終身雇用とはなんでしょうか。それは、新卒一括採用されてから定年までひとつの会社で過ごすという雇用モデルのことです。加えて言えば、そこには、定年後に年金で暮らすということまで含意されています。人々は、この安定的な長期雇用のモデルを前提にしながら、子育てをしたりローンを組んでマイホームを建てたりすることになります。その意味で、終身雇用のモデルは人生設計に大きく関わるものです。

　ここで重要なことは、この雇用モデルが戦後の高度経済成長によってもたらされたものだ、ということです。したがって社会的に見れば、高度経済成長期とは国の経済が成長をする時期という以上に、子育てをしたりマイホームを建てたりという安定したライフスタイルが浸透した時期だと言えます。

　漫画『クレヨンしんちゃん』の野原ひろしは、専業主婦とふたりの子どもと犬一匹を養い、さらには都市近郊にマイホームを手にしている人物です。ネットではしばしば、うだつが上がらなそうにもかかわらずあまりにも多くのものを手に入れているひろしを指して「どんな勝ち組だよ！」とツッコミを入れている光景が見られます。

　それもそのはずです。ひろしの年齢は連載当時の１９９０年において35〜40歳だとされており、だとすれば、ひろしの生まれ年は１９６０〜65年くらいということになります。つまり、ひろしはバブル入社世代なのです。あまり有能であるようには描かれないひろしが就職をした背後には、バブル景気における高い求人倍率が指摘できます。

名作と名高い劇場版アニメ『クレヨンしんちゃん　嵐を呼ぶモーレツ！オトナ帝国の逆襲』には、ひろしが自らの半生を回想する感動的なシーンがありますが、そこでは、昇進を目指して、理想の父親を目指して、一戸建てのマイホームを目指して……といった具合に、ゆっくりではあるが、ひとつひとつ目標を達成し、成長しながら生きてきたひろしの人生が描かれます。映画においては、その日常的な幸せのありかたが感動を誘う展開になっていますが、その日常を支えるものこそ終身雇用モデルにほかなりません。

回想シーンは、子どものころのひろしが父親の自転車のうしろに乗って釣りに行くところから始まり、ひろしが息子のしんのすけを自転車のうしろに乗せて釣りに出かけるところで終わりますが、ここには、しんのすけがひろしと同じようなライフコースをたどることが期待されているわけです。どんどんゆたかになっていく社会のなかで幸せな人生を送ること。そして、その幸せが子ども世代にも引き継がれること。さきの本田由紀はこれを「戦後日本型循環モデル」と呼びました。

梯子を外された世代と梯子がなかった世代

さて、高度経済成長を前提にした終身雇用モデルは、バブル崩壊とともに維持が難しくなります。不景気に突入した1990年代初頭、終身雇用を夢見ていた大学生は、終身雇用どころか就職氷河期に直面することになります。当たりまえのものだと思っていたライフコースが目のまえで失われていく事態は、経済の問題以上に人生の問題として受け止められました。

ロスジェネを代表する論客のひとりである雨宮《あまみや》処凛《かりん》は、自分たちの世代について次のように述べています。

「努力すればしただけ報われる」という言葉には、景気が良かったからこそまだ信憑性があり、しかし、自分たちが社会に出る頃になって、「今までのことはバブル崩壊によって全部嘘になりました」と梯子を外された世代。
（『ロスジェネはこう生きてきた』平凡社新書）

社会学者の近藤絢子は雨宮の議論を参照しながら、「梯子を外された世代」である氷河期前期世代と「梯子など最初からなかった世代」である氷河期後期世代とを区別しています。前者は「戦後日本型循環モデル」を期待して育ったが、物心ついたときにはバブルが崩壊していた後者はそもそものような期待自体が抱かれていない、ということです。

近藤によれば、雇用や年収などの数値のうえでは前期世代のほうが恵まれていると言えるものの、社会的な期待が裏切られたという点において、前期世代のほうが「主観的ショック」は大きいということです（『就職氷河期世代――データで読み解く所得・家族・格差』中公新書）。ロストジェネレーションの議論の根底には、この「たしかにあったはずなのになくなってしまった」という喪失感が横たわっています。

ずいぶん遠回りをしてしまいました。あらためて「ゴール」とはなにを意味しているのでしょうか。みんなが目指しているようだが、現代においてはなかなかたどり着くことができない「ゴール」――。それは言わば、「戦後日本型循環モデル」のなかで見出される幸せな人生にほかなりません。「仮初めのように置かれていただけだったので、撤去されてしまうと、かつて「ゴール」であった痕跡など、一つも残されてはいなかった」という一節などは、バブル崩壊以前にはたしかなものだと思われた「ゴール」が実は脆弱なものであった、ということを示しているようです。あるいは、「ゴールする本人も、やっとゴールできると思ったら、予想していた場所にゴールがないという悲惨なことになりはしないだろうか？」という部分も、目のまえで期待が裏切られたロスジェネの「悲惨」さを物語っているようです。

ここまで確認したとき、「ゴール」におけるアルバイトの「女の子」は氷河期後期世代を体現する存在ではないか、と考えられます。すでに述べたように、物心ついたときにすでに不況を迎えている後期世代は、そもそも《戦後日本的幸せな人生》を期待していません。

生まれたときから日本はこんな感じ

そういえば、10代後半を対象とした「姫ギャル系」のファッション雑誌『小悪魔ageha』は、2009年3月号において「生まれたときから日本はこんな感じで、今さら不況だからどうとか言われてもよくわからない。そしてこの2月、わたしたちが愛するもの、買ったもの、着てるもの、オール10コ!!」という素晴らしいネーミングの特集を組んでいました（とりわけ国語教員的には、この接続詞「そして」の使い方にグッとくる！）。

「ゴール」の「女の子」は、詳しい年齢こそわからないものの「私」との受け答えの様子から20歳前後くらいではないかと想像します。もし２０１４年に20代前半のフリーターだとすれば、「女の子」はまさに２００９年の時点で『小悪魔ageha』のメイン読者となる年齢です。だとすれば「女の子」もまた、「生まれたときから日本はこんな感じで、今さら不況だからどうとか言われてもよくわからない」という感覚を共有していることでしょう。

「ゴール」に対してなんら関心を示そうともしない「女の子」は、《戦後日本的幸せな人生》を最初から期待しない氷河期後期世代の心性を寓意しているようです。どうやらかつて夢見られた幸せな人生を目指している人がいまだにいるみたいだけどあたしには関係ないよ、と。

このように考えると、「女の子」の「私はこのゴールを守るのが仕事だから」という言葉は、とても諷刺が効いているというか残酷な響きすら感じられます。というのもこの言葉は、非正規雇用こそが《戦後日本的幸せな人生》を守っている、ということの比喩として読むことができるからです。

雨宮処凛とともにロスジェネを代表する論客であるライターの赤木智弘は、バブル崩壊時に新卒を採用しなかった企業を次のように批判します。

本来であれば、従業員を抱えきれないのであれば売り手市場で楽に職に就けたバブル時代の新卒学生や、金の卵として雇った団塊世代といった、社内でダブついていた労働者のリストラを推し進めるべきだった。

しかし企業は積極的なリストラを推し進めるのではなく、新卒社員をなるべく採用しないようにすることで、今の会社にいる人員を守ろうとしたし、社会もリストラには強く反発した。

それは一見、会社の在り方として人道的で正しい行為であるように見える。

しかしその実態は当時の新卒学生を見殺しにする、あまりに卑劣なやり口であった。

（「排除され続けた就職氷河期世代――そして至った必然」『現代思想』２０２２年12月）

赤木の立場からしたら、年長世代がいまなお正社員として《戦後日本的幸せな人生》のライフコースを歩めているのは、50代を迎え始めたロスジェネ世代がいまだに非正規雇用の立場を余儀なくされているからだ、ということになります。それは見方を変えれば、非正社員こそが正社員を守っている、ということにほかなりません。

最初から《戦後日本的幸せな人生》など眼中にないような「女の子」が、にもかかわらず「私はこのゴールを守るのが仕事だから」となにげなく言うとき、その言葉は痛切な響きをともなっています。

あれからぼくたちは何かを信じてこれたかなぁ

さて、物語の後半には謎めいた「男性」が登場していますが、ここまで読んだとき、この「男性」は氷河期前期世代を体現する存在ではないか、と考えられます。

「ここがゴールだと思い、歩き続けて来たのですが、少し遅かったようですね」とつぶやき、「ただじっと、「かつてゴールがあった場所」を見つめ続け」る「男性」の姿は、前期世代が抱いていた《戦後日本的幸せな人生》への期待と未練を感じさせます。

だとすれば、この「男性」が「私」に言い放つ「スタートした以上、ゴールを目指すしかないではないですか」という言葉は、《戦後日本的幸せな人生》が不可能であることを承知しつつも、いまさら後戻りができない状況を言っているようです。見本にすべき「戦後日本型循環モデル」も崩壊し、「ゴール」がどこにあるかもわからないまま、「男性」は社会をさまよっているのです。

物語の最後、この「男性」とのやりとりののち、「私」はいつものように「通勤する人々の従順な列」にいながらも、ふと「それぞれの「ゴール」はあるのだろうか？」と考えます。そんな「私」は「通勤ラッシュとは無関係な方向に歩く」「男性」の姿に気づいた拍子に、「通勤の流れを崩し、背後から突き飛ばされ」てしまいます。そうして「はじき出されるように路地に入り込んでしまった」「私」は、「はい、スタート」と告げられることになるのです。

この「通勤の流れ」から逸れてしまった「私」がなにを意味するか、ということについては、さまざまな解釈の余地があります。卑近なレヴェルで考えるなら、会社員だった「私」のリストラを象徴しているとも言えます。ここまでの読み筋からしたら必ずしも間違っているとは思いませんが、少し具体的すぎるきらいもあります。

いずれにせよ大事なことは、「ゴール」という物語が、現代ではすでに《戦後日本的幸せな人生》を見出すことなどはできないことをメッセージしている、ということです。

就職氷河期世代だろうが正規雇用の会社員だろうが、高度経済成長期に信じられていたような幸せのかたちはバブル崩壊とともに当たりまえのものではなくなってしまいました。「ゴール」という物語は、そんな不安感の漂う現代社会の姿を寓話的に描いたものだと言えます。

ロストジェネレーション世代のアイドルであるＳＭＡＰは、不況がますます進行する１９９８年、「あれからぼくたちは何かを信じてこれたかなぁ」（「夜空ノムコウ」）と歌っていましたが、「ゴール」という物語にもまた、そのような切なさを感じ取ることができるのです。

第4章
書きすぎていない小説と試験問題

書きすぎていないことをめぐって

国語教員にとって、プライヴェートで本や雑誌記事・新聞記事を読んでいるときについテストや入試の問題に使えそうな文章かどうかを考えてしまう、というのは「あるある」かもしれません。教員経験がそれほど長くない自分であっても、そのようなところがあります。わたしより教員経験の長い知人などは、冗談まじりで「文章を読むと、だいたいいくつくらい設問の傍線が引けるかわかる」と言っていました。冗談まじりではありますが、なかなか真実味のある話だと思います。

さて、教員になって直感的に試験問題に使えそうだなと思ったものとして、今村夏子「こちらあみ子」という作品があります。実際に試験問題に採用したわけではないので、その直感が当たっているのか間違っているのかはわかりません。そのことはいまは措いておきます。ここで大事なことは、なぜ「こちらあみ子」が試験問題にふさわしいと思ったか、ということです。

そもそも試験問題にふさわしい小説作品というのは、どのようなものでしょうか。さまざまな観点がありうるかとは思いますが、ひとつには《書きすぎていない》ことというのが挙げられると思います。直接的な表現を用いずとも、作中人物の行為や表情からその場の状況やその人の感情が読み取れること。嬉しい気持ちを表現するにあたって「嬉しい」と直接的に書かないこと。このような文章は試験問題にしやすいと言えるでしょう。

たとえば「こちらあみ子」の冒頭を読むと、次のような場面に出くわします。あみ子が育った田中家の自宅では書道教室が開かれており、その書道教室に通う小学生は、田中家の父の車にたびたび傷をつけます。そのひとつは「あみ子の馬鹿」と刻まれています。以下は、その「あみ子の馬鹿」と刻まれた傷をスポンジで消そうとしている部分です。

「もうちょいで消えそうなんじゃけどねえ」あきらめきれなくて、あみ子は腕に力をこめて傷を何度もこすり続けた。小学一年生のあみ子に読むことができたのは自分の名前の部分だけで、その下、馬鹿という字は読めなかった。父に訊いてみたけれど、父も指先で自分のメガネをずり上げながら、「さあわからん」と言っていた。（傍線引用者）

傍線を引いた箇所には、《あみ子が書道教室の小学生たちに馬鹿にされていることを本人に知らせたくない》という父のあみ子に対する心配りが描かれていると言えます。大人である父はもちろん「馬鹿」という字の読みも意味するところもわかっているが、あみ子のことを慮《おもんぱか》って、あえて「さあわからん」ととぼけたかたちで答えているのだ、と。

だとすれば、傍線を引いた箇所に対しては、次のような設問を作ることができます。

問　傍線部「父に訊いてみたけれど、父も指先で自分のメガネをずり上げながら、「さあわからん」と言っていた」とありますが、このときの父の様子として最もふさわしいものを選択肢（ア）～（エ）から選び、記号で答えなさい。

（ア）父は、「馬鹿」の読み方やその意味することを小学1年生のあみ子に教えても理解することはできないだろうと思って、「さあわからん」と言っていた。

（イ）車についた傷を消そうとしていた父は、何度も同じことをたずねるあみ子をうっとうしく感じ、彼女の質問に対して「さあわからん」と聞き流していた。

（ウ）あみ子のことを慮っている父は、あみ子が小学生たちに馬鹿にされていることを彼女自身に気づかせないために、あえて「さあわからん」と答えていた。

（エ）小さいころから車に夢中で勉強が得意でなかった父は、「馬鹿」の読み方を知らなかったため、あみ子の質問に「さあわからん」と答えるほかなかった。

いかがでしょうか。正解はいちおう（ウ）になります。引用部の直前には「そんなとき父は文句を言うでもなく、どこからか四角いスポンジを取りだしてそれにチューブ入りのクリームを塗りつけ、できた傷をさっとなでる。「魔法のスポンジじゃ」と教えてくれた」という一節もあり、車を傷つけられたにもかかわらず「文句」を口にせず、さらにはあみ子に寄り添う父の優しい人柄が想像されます。だとすれば、読者はそのような父の人柄をそれとなく感知しながら引用部を読むことになるでしょう。

そのような文脈をふまえるならば、（ア）（イ）で示される父親像は（ウ）に比べて「ふさわしい」とは言えません。（エ）に関しては、作中のどこにもそのような記述はありません。したがって、「最もふさわしいもの」＝正解は（ウ）ということになります（個人的な感覚としては、この問題は少なくない中学生が正解できるだろう標準的な設問だと思います）。上記のような《書きすぎていない》部分は、その内実を答えさせるという点において、試験問題と相性が良いと言えます。

小説の上手さとはなにか

この引用部にかぎらず、「こちらあみ子」には《書きすぎていない》にもかかわらず、いや《書きすぎていない》ゆえにこそ、ゆたかな作品世界が広がっていると感じます。それは、作者である今村夏子の資質かもしれません。ちなみに同様の資質は、たとえば、山本文緒、小川洋子、綿矢りさ、小山田浩子、高瀬隼子といった小説家たちにも感じます。

さて、この《書きすぎていない》という特徴は、一般的に良い文学の条件とされます。たとえば、大修館書店の教科書には「文学的な文章では、必ずしもすべての要素を論理的に説明する必要はない。むしろ、書かれていない要素こそが重要な意味を持つこともある」（「文学とはなにか」『文学国語（令和5〜8年度用）』大修館書店）という説明があります。

似たような認識は、国語教育以外においても存在します。たとえば書評家の豊崎由美は、江國香織について次のように書いています。

江國香織の小説は言葉を多く費やさない。説明や描写は最小限にとどめられている。易しい言葉の連なりで、いかにも意味深な〝何か〟（本当はそんなものどこにもないかもしれないのに）を伝えんとする文体も含めて、とんでもなく巧妙な作家なのだ。

（『正直書評。』Gakken）

もっとも引用部は、このあと「でも、そういう小器用にまとまってるとこがちょっとイヤ。この人、わかっちゃったんじゃないかな、小説の書き方が」と続くので、ここでの豊崎の江國に対する評価はやや捩《ねじ》れており、豊崎が《書きすぎていない》ことをそのまま賞賛しているわけではないこともわかります。当然のことながら、文学や小説の魅力は巧拙《こうせつ》のみで判断されるものではありません。

とはいえ、文学・小説の上手さや巧みさの条件として、一般的に《書きすぎていない》というイメージが抱えられていることは間違いないでしょう。同書における白石一文に対する評言も見てみましょう。

というのも白石さんは親切で、テーマから登場人物の心理、何から何までぜぇーんぶ言葉で明らかにしてくださってるんです。きっと読者のことをとぉーってもバカになさってるのね、センセは。作者が一から十まで説明しなけりゃ、いわんとしていることがまぁーったく理解できないと思ってるんですわね。念には念を入れよとばかりに「あとがき」をくっつけて、自分の小説の読み方まで教えて下さってるんですのよ。

ここでは江國香織への評とは反対に、「何から何まで」「一から十まで」説明していることが批判されています。このように《書きすぎていない》ことは、すぐれた文学・小説の絶対条件とまでは言えないまでも、ひとつの判断基準くらいにはなっていると言えます。文学・小説の愛好者においては、なんでもかんでも説明するような作品を好ましく思わない人は少なくないでしょう。

このような一般的な認識に加えて、ここで国語教員の立場から指摘したいことは、そのような《書きすぎていない》小説は入試をはじめとする試験問題と相性が良い、ということです。

試験問題の野暮ったさ

さて、《書きすぎていない》ことが小説のある種の洗練のかたちだとして、しかもそれが試験問題と相性が良いということになれば、それは次のことを意味します。すなわち、試験問題とは小説から洗練さを奪い、野暮ったくしてしまうものだ、と。

実際、さきほどの「こちらあみ子」に対する正解（ウ）は、いかにも野暮ったい説明になっていると言わざるをえません。いや、野暮ったいどころではないかもしれません。《書きすぎていない》部分に対して、補足解説するように言葉を費やすことは、その作品を致命的なかたちで傷つける可能性があります。正解（ウ）をもう一度見てみましょう。

（ウ）あみ子のことを慮っている父は、あみ子が小学生たちに馬鹿にされていることを彼女自身に気づかせないために、あえて「さあわからん」と答えていた。

たとえば、この《正解》の文言には「小学生たちに馬鹿にされている」という言葉が使われています。しかし、もしかしたら、あみ子は小学生たちから「馬鹿にされている」のではなく「からかわれている」のかもしれません。いや、「馬鹿にされている」ことも「からかわれている」こともなくて、実際には「なんの気ない言葉」として刻まれた言葉に過ぎなかったのかもしれません。あるいは《正解》には、父は「あみ子本人に気づかせないために、あえて「さあわからん」と答えていた」と書かれていますが、もしかしたら、「気づかせないため」ではなく「隠したい」という言葉のほうが、父の気持ちを正確につかんでいるのかもしれません。それとも「悟られたくない」のほうが良かったでしょうか。同じように「答えていた」にかかる副詞は、「あえて」ではなく「わざと」のほうが良かったでしょうか。いや、「それとなく」という可能性もなくはないかもしれません。いや、それも違うでしょうか。いや、むしろ……。

このように、試験問題における《正解》の言葉は、小説の中身を正確に反映しているとはかぎりません。その《正解》は、小説の中身を正確に記述しているから《正解》というわけではないのです。そうではなく、他の選択肢との相対的な関係のなかで「最もふさわしい」と判断されたから《正解》であるにすぎないのです。その意味で試験の解答者は、どんなに自信を持って《正解》を選ぼうとも、原理的には、消去法で《正解》を選んでいることになります。

したがって、《正解》の選択肢として提示される言葉は、つねに／すでに小説の中身を正確に反映していない、という気分とともにあります。《正解》の選択肢の言葉は、つねに過不足の感触とともにある。そしてその気分・感触は、なにより出題者の気分・感触としてあります。

どんな正解選択肢を作ってみても、その作品に対する正確な記述とはどうしても思えない。ああでもないこうでもないと延々続く試験問題の文言微修正の果て、疲労困憊《ひろうこんぱい》の教員どうしできまって話題になるのは、「この一節は、やはりこの表現でしかありえないんだね」ということです。考えてみれば当然のことなのですが、その言葉でしか表現できないからこそ、その言葉が選ばれているのです。小説というのは、そのような言葉が集まってできたものです。

さきほどの「こちらあみ子」の例で言えば、あの車に刻まれた「あみ子の馬鹿」という文字は、単に「あみ子の馬鹿」と刻まれている以上のものではありません。小説家の保坂和志は、小島信夫の作品について書くなかで次のように述べていました。

カフカ作品にも小島作品にもメタレベルがない。『城』の城とは何のことか。城とは何を意味しているのか。城は何の比喩なのか。と考えることが作品のメタレベルを考えることと言えるだろうが、『城』においては、城とはそこに書かれているとおりのものでそれ以上の何かなのではない。つまり作品の外に作品に書かれている以上の意図がない。

（『小説の自由』新潮社）

引用部の保坂は「『城』においては、城とはそこに書かれているとおりのものでそれ以上の何かなのではない」と述べていますが、まさにそのような意味において「あみ子の馬鹿」は「あみ子の馬鹿」以上の「何か」ではないのです。

そのような、まさに物自体として「あみ子の馬鹿」という言葉は刻まれており、だからこそ、そこから「馬鹿にされている」「からかわれている」「なんの気ない」といったさまざまな気分が読者の側に派生するのです。試験問題において《正解》をこしらえるとは、そのような物自体としての小説の感触を、そのゆたかさを、断ち切る行為にほかなりません。

だとすれば、とりわけ作者からしてみれば、試験問題によって《正解》が決定されてしまうことは耐えがたいことなのでしょう。教員の立場からしたとき、その点に恐縮する気持ちがないわけではありません。

ただ一方で、本書の第1章でも書いたとおり、試験問題において求められているのは「あくまで問題文に示された情報のみで読解すること」です。そこで選ばれる《正解》は、すでに述べたとおり、相対的な《正解》でしかありません。《正解》という言葉がややこしく思わせるのかもしれませんが、そもそも試験問題とは、小説の中身を忠実に反映するものではないのです。

このことは現代文が得意な生徒・学生ほど知っていることだし、なにより出題者こそ身に染みてわかっていることです。出題する側も解答する側も、試験という形式の限界を感じながら試験問題に向き合っています。試験問題を作成するわたしたちはむしろ、小説のゆたかさを感知する機会が多いかもしれません。逆説的な言いかたになりますが、国語教育にたずさわる者は、試験形式の限界を痛感する経験を通して、かえって小説の言葉の唯一無二性や交換不可能性を感じているようなところがあります。

わたしの文章も出題されたよ

少しだけ本題から逸れてしまいますが、わたし自身のエピソードを紹介させてください。2016年に書いた『ジャニーズと日本』（講談社現代新書）という本の一部が、ある女子大学の入学試験に使われたときの話です。問題文として使用されたのは最後のほうの部分で、次のように傍線が引いてありました。

ジャニーズは、あからさますぎて見えないアメリカの影として、戦後民主主義の国・ニッポンに浸透している。

引用部にあるとおり、線が引かれているのは「ニッポン」という言葉です。そして、その傍線部に対する問いは以下となります。

問　傍線部「ニッポン」としてカタカナ表記にした筆者の意図は何か、もっとも適当なものを次の中から一つ選べ。

①　生まれ育った日本の良さを強調したいから。
②　国際的に活躍する姿を期待したいから。
③　アメリカ文化と不可分な様子を示したいから。
④　外国人から見た日本を強調したいから。
⑤　グループ名に合わせると片仮名表記がふさわしいから。

傍線が引かれた箇所は、「アメリカの影」（ジョン・カサヴェテスの初監督作品名であるとともに、文芸批評家・加藤典洋の著書名でもあります）という言葉を使いつつ、戦後日本とアメリカの関係について言及している部分です。したがって、そのあたりを押さえていれば、ここでの正解が③であることはすぐにわかります。

深読みすると④も当てはまってしまうかもしれない、と思わなくもないですが、前後の流れをふまえるなら、やはり③が正解だと判断できます。ある程度明確に正解を選ぶことが可能なこの設問に対して、問題があるとはまったく思いません。

とはいえ、少し驚くこともありました。それは、設問文にいまだに「意図」という言葉が使われていることです。すでに述べたように、入試などの試験において書き手の「意図」を問うことは、基本的になされません。たしかに、評論文においては文章の趣旨を問う必要上、便宜的に「筆者の意図」と書くことはありえますが、それにしても非常に珍しいと思います。できるならあまり使いたくない言葉です。

ということで、自分の文章を採用された立場から上記の設問を読んだとき、この「意図」という言葉に違和感がないかと言えば、それは嘘になります。というのも、わたしがここで「ニッポン」とカタカナ表記を採用したときのことは、けっこう明確に記憶に残っていたからです。その意味でこのカタカナ表記には、わたしの明確な「意図」が込められていました。その「意図」とは、次のようなものです。

入学試験用の文章に採用された『ジャニーズと日本』という本は講談社現代新書というレーベルから発売されているのですが、当時、講談社現代新書からは、著述家の佐々木敦による『ニッポンの思想』『ニッポンの音楽』『ニッポンの文学』という「ニッポン」三部作が刊行されていました。わたしが「ニッポン」とカタカナ表記で書いたとき、わたしの頭のなかにあったのは、それら佐々木さんの著書の存在でした。つまりわたしは、先輩批評家である佐々木さんになぞらえるという「意図」のもと、「ニッポン」という言葉をカタカナ表記にしたのです。

したがって、さきほどの入試問題に対する答えは、本当は次のようになるべきでした。

正解　講談社現代新書から刊行された佐々木敦の「ニッポン」三部作になぞらえたいから。

もちろん、こんな《正解》が選択肢に並ぶはずはありません。くり返しますが、『ジャニーズと日本』から抜粋された問題文を読めば、正解が③であることはわかります。その意味において、この設問に対してなにも文句はありません。

ただ、強いて注文をつけるとすれば、問うにあたって「意図」という言葉を用いないほうが良かったとは言えるでしょう。あるいは、「どのような意図だと考えられますか」というかたちにするほうが良かったでしょう。「考える」主体は、読み手の側にほかならないからです。解いているほうからしたら細かいことかもしれませんが、「筆者」の立場からしたら少し気になるところではありました。

試験問題は多様性を狭める？

良くも悪くも、試験問題とはこんな程度のものです。開きなおるような物言いで恐縮ですが、文学・小説の側から各種試験および国語教育を批判する人には、まずはそのような認識をもってもらえたらと思っています。

整理してみましょう。まず、試験問題が「作者の意図」「作者の気持ち」を問うているという通俗的な批判は、基本的に事実誤認です。少なくとも小説読解の試験においては、そのような出題の仕方はＮＧとされています。次に、とはいえ、試験問題においては《正解》をこしらえざるをえません。それは、現行の試験制度においてさしあたり宿命のようなものです。

ある限定的な局面における相対的な《正解》をこしらえること——。試験問題を作成するとは、そういういとなみなのだと言えます。

このように書くと、国語における試験はいかにも読解の多様性を狭めるものに感じられるかもしれません。国語における試験は、読者の多様な可能性を排除して一定の読解に方向づけることではないか、と。しかし、ここで逆に問いたいのは、試験とは関係のない読書の場面において本当に読解の多様性は担保されているのか、ということです。

というのも、小説に対するどんな解説もどんな評論も、物自体としての言葉のゆたかさを断ち切るという意味においては、試験問題において《正解》をこしらえる行為と大差がないとも言えます。評論行為とはある小説に対してその人なりの解釈を示すことだと言えますが、だとすれば、試験問題もまた数ある解釈のひとつです。その人なりの解釈を示すという点においては、試験作成も評論執筆も同様です。入学試験を作成すると同時に文芸評論も執筆するわたしの立場からすると、両者は読解の方向性や形式こそ異なるものの、同じように解釈行為をしているという実感があります。

さて、そうなると今度は、物自体としての言葉のゆたかさを本当に擁護するために、小説に対する二次的な言説をすべて否定する人もいるかもしれません。本書はそのようなラディカルな立場を採用するものではありませんが、とはいえ、ここにはなかなか大事な問題が含まれていると思うので、少し考えてみたいと思います。

このことについて考えるためには、作品自体が足場としているものを問いなおさなければいけません。ちょっとややこしい話に入っていきますが、大事な問題なのでお付き合いください。

正解と不正解のあいだで

ふたたび、さきほどの「こちらあみ子」についての架空選択肢を例に出してみましょう。ここで注目したいのは、さきほど不正解とした（エ）の選択肢です。

（エ）小さいころから車に夢中で勉強が得意でなかった父は、「馬鹿」の読み方を知らなかったため、あみ子の質問に「さあわからん」と答えるほかなかった。

実際の試験としてこの問題が出題された場合、（エ）はまっさきに間違いだと判断されると思います。しかし、それはなぜでしょうか。さきほど、わたしは（エ）が《不正解》であることの理由として、「作中のどこにもそのような記述はありません」という言いかたをしました。父が「小さいころから車に夢中で勉強が得意でなかった」ことを示すような記述はないし、「「馬鹿」の読み方を知らなかった」ことを示す記述もない。したがって、（エ）は《不正解》だということです。

しかしよく考えると、「作中にそのような記述はない」ということは《不正解》の根拠にはなりません。なぜなら、《正解》の「（ウ）あみ子のことを慮っている父は、あみ子が小学生たちに馬鹿にされていることを彼女自身に気づかせないために、あえて「さあわからん」と答えていた」だって、「作中にそのような記述はない」と言えてしまうからです。

すでに述べたように、作中において確認できるのは、「あみ子の馬鹿」と車に刻まれていた、という端的な事実しかなく、「あみ子が小学生たちに馬鹿にされている」なんてことは作中に書かれていません。

なんとなれば、わざわざ《書きすぎていない》箇所を選んで設問を作っているくらいなので、《正解》としている（ウ）の選択肢に書かれている内容も、（エ）の選択肢と同様、「作中にそのような記述はない」はずなのです。しかし、にもかかわらず、それでもなお、ここでの《正解》は（ウ）とされます。

もちろん、この架空の問題を作成して《正解／不正解》を決めているのは、この文章を書いているわたし自身です。しかし、もしこの問題が実際に入試などで出題されたとしても、《正解》が（ウ）であることに関して疑問をもたれることはあまりないでしょう。そして、正答率もそれほど低くはならないでしょう。本書を読んでいる読者のかたも、（ウ）が《正解》で（エ）が《不正解》であることには、それなりに妥当性を感じてくれるのではないかと思います。

これはいったいどういうことでしょうか。なぜ、一方の記述は作中に書かれていると判断され、一方の記述は作中に書かれていない、と判断されてしまうのでしょう。よく考えると不思議に思えてきます。

文学に働く常識の力

このことについて考えるためには、《常識》という観点を導入しなければいけません。（エ）の選択肢はつまるところ、《常識》に照らし合わせて《不正解》だと判断されているのです。つまり、作中にわざわざ断りがないのであれば、常識的に考えて、父は「馬鹿」という漢字の読みかたを知っているだろう、ということです。

ここには、ふたつの《常識》の力が働いています。ひとつめは《通常、大人は「馬鹿」という漢字の読み方を知っているだろう》という常識、ふたつめは《通常、常識外の設定・内容は作中で説明されるだろう》という常識です。位相が異なるこのふたつの《常識》の力が働くことによって、（エ）は《不正解》だと判断されるのです。

このことは、なにも現代文の試験にかぎったことではありません。わたしたちは小説を読むとき、多かれ少なかれ《常識》をはじめとする作品外の力を働かせながら、その小説を読み、解釈しています。

さきほど、「試験とは関係のない読書の場面において本当に読解の多様性は担保されているのか」と問いましたが、そのように問う背後には、わたしたちは《常識》をはじめとする作品外の力から自由になって本を読むことが困難である、という認識があります。というか、作品外の一切から自由になって本を読むなんていうことは、ほとんど不可能なことなのかもしれません。わたしたちは、さまざまな社会的・文化的な制約のなかで文章を読解・解釈せざるをえません。

この点について理論化したひとりは、ドイツの文芸批評家、Ｈ・Ｒ・ヤウスです。ヤウスは、従来的な「文学史」のありかたを批判するなかで、文学作品を受容する側である読者の「期待」を重要視します。ヤウスは次のように述べています。

文学作品は、新刊であっても、情報上の真空の中に絶対的に新しいものとして現れるのではなく、あらかじめその公衆を、広告や、公然非公然の信号や、なじみの指標、あるいは暗黙の指示によって、全く一定の受容をするように用意させている。その作品は、すでに読んだものの記憶を呼びさまし、読者に一定の情緒を起こさせ、すでにその始まりから「中間と終わり」への期待を作り出している。

（『挑発としての文学史』轡田収訳、岩波書店）

ヤウスがあきらかにするのは、わたしたちは文学作品を読むにあたって「一定の受容をするように」方向づけられている、ということです。ヤウスは、文学作品を読む読者が抱く「期待」は、「ジャンルについての予備知識」「それより前に知られた作品の形式と主題形成」「詩的言語と実用言語の対立」から得られる、と指摘しています。

つまり、わたしたちはなにかしらの文学作品を読むとき、つねに／すでに既存の文学作品のコード（規則）を参考にしながら読んでいるのです。現代文の試験問題とは、そのような文学を読むにあたっての常識的なコードを問うものだと捉えることができるでしょう。国語において「小説が読める」とは、一般的・常識的な文学コードをある程度理解している、ということをまずは意味します。だとすれば、現代文の試験における正解主義的なありかたを批判しつつ、その延長で文学作品の自由を擁護するような身振りには慎重にならなくてはいけません。そこで言われている自由とは、せいぜい異なる文学的コードを指しているにすぎない可能性があるからです。

第1章でも触れたように、文芸誌や文芸評論の領域においてはしばしば国語教育の不自由さが批判されます。しかし文芸誌や文芸評論もまた、そのジャンルにおける一定の「期待」とともに読まれています。その意味において文学も不自由さからは逃れられていない、ということは意識したほうがいいでしょう。ゆたかで自由に見える小説であっても不自由な試験問題であっても、一定の《常識》の力に支えられるかたちで成立していることには変わりないのです。

哲学者の千葉雅也は、このことを独特なかたちで問題化しています。千葉は、２０２１年度からの国語教育改革および「論理国語」についての文章のなかで、次のように述べています。

> ところで、小説家などの書き手もまた、基本的には平均的世界の言語使用をしていると想定される（そこから著しく逸脱する書き手のテクストは教材から除外する）。だから、一文一文は常識的に読解可能なはずである。だが、文章という単位では、書き手独自の思考が展開されていると想定される。ときには常識からズレることもある個性的な思考があり、そのなかで一定の論理的結合が展開されている。
>
> （「文学が契約書になり、契約書が文学になる」『文學界』２０１９年９月）

このように述べる千葉は、引用部に続いて「国語教育の課題は、平均的生活世界における言語使用を確認すると共に、それに上書きされている書き手独自の思考世界の論理を読み取ることである」と指摘します。

ここで千葉が言う「平均的世界の言語使用」という言葉は、本書において《常識》と呼んでいるものに近いニュアンスを含んでいます。ポイントは、試験問題の解答であろうが文学の読解であろうが、いずれも「平均的世界の言語使用」が前提にされている、ということです。千葉は「書き手による思考世界の違いはあっても、言語は常識に依拠するということは、従来の国語教育ではあまり明示されていなかった」と指摘します。文学が多様な解釈に開かれているとか、その反対に国語教育における読解が不自由だとかいった議論は、いずれも《常識》に依拠した言語運用を暗黙の前提にしているのです。

常識を取り外してみる

さて、千葉の議論が興味深いのは、むしろ「論理国語」で学ぶ対象である実用文のほうに、こうした暗黙の前提を突き崩す「言語の反乱」の契機を見出していることです（引越しに関する契約書など「文学」的でないと思われる実用的な文章に執着する小説家、青木淳悟の謎めいた魅力もこのようなところにあるかもしれません）。

同様のまなざしは、試験問題に対しても向けることができます。すでに述べたように、さきほどの『こちらあみ子』に対する設問において、（ウ）が正解で（エ）が不正解である根拠は、実際のところ、作品内に求めることができません。保坂和志が言っているように、小説に書かれていることが「そこに書かれているとおりのものでそれ以上の何かなのではない」のだとすれば、正解と不正解を最後に分かつためには、作品外からやってくる《常識》の力に頼らざるをえません。だとすれば、そのような《常識》を取り外してしまったとき、試験問題なんてものは成立しなくなってしまうでしょう。

本書の目的のひとつは、しばしば言われる国語と文学の対立や分断の状況を解消したい、ということです。というか、そのへんで言われている国語と文学の対立などというのは、多くの場合において偽物の対立だと思っています。なぜなら、そのとき議論されている文学も国語も《常識》に寄りかかっていることには変わりないからです。「国語で文学的なコードを学んで、そのコードを応用するかたちで文学作品を読んでいるのに、なにをそんなに対立的になることがあるのだろう」というのが、その種の議論を読んでいるときのわたしの素朴な実感です。国語も文学もまったく同じ線上に並んでいるではないか、と。

ましてや人文系の大学人が安易に国語教育を批判しているのを見ると、自分がどのような制度のうえにいるのかわかっているのか、と問いただしたくなります。

数学者の森毅《もりつよし》は、『数学受験術指南』（中公文庫）という著書を「大学というところには、受験にかかわることを、さげすむ風潮がある。そのくせ、当の受験体制の加害者なのだから、世話はない」という一節から始めていますが、そのような気持ちに近いです。第1章で述べたように、このような振る舞いに対しては、国語教育を批判することで自らの輪郭を確認しようとする文学・大学の習性みたいなものを感じます。

だからまずは、試験問題だろうが文学の解釈だろうが国語の授業だろうが、わたしたちは一定の《常識》の枠内で文章を読んでいるのだ、という基本的な認識をもつことが必要です。逆に言えば、もしそのような《常識》を取り外したところに出現する狂気じみた世界を「文学」と名指すのであれば、そのような「文学」をめぐる議論は、もはや国語教育とか文芸誌とかいった制度的な水準とは関係がないでしょう。

実際、《常識》を取り外したような狂気じみた世界は、国語教育の現場にだってしばしば見出されます。

リーディング・スキル・テストの困難

千葉の指摘にも関わりますが、契約書をはじめとする実用的な文章を読解する「論理国語」は、かえって《常識》の力が働きにくい可能性があります。それは文章内の文脈が極端に乏しいからです。新井紀子『ＡＩ vs 教科書の読めない子どもたち』（東洋経済新報社）が話題になった２０２０年ごろ、当時受けもっていた中学2年生に対して、リーディング・スキル・テストをおこなったことがありました。リーディング・スキル・テストとは、基礎的な読解力を測定・診断するためのテストです。授業時間が少し余ったこともあり、「ふーん、これからはこういうものが台頭してくるのか」と興味本位でおこなった、というのが正直なところです。

実際に解いてみた印象から言うと、なんだか自動車学校の試験を受けたときのような、あるいはサッカーの４級審判の筆記試験を受けたときのような気持ちでした。設問によっては意地悪問題を解かされているような気持ちにもなりました。もっとも、これによって「読解力」をめぐるなにかしらの傾向が見えてくるのであれば、それはそれで意義があるのかもしれませんが。

さて、このとき興味本位でおこなったリーディング・スキル・テストの授業は、思いもよらない方向に転がっていきました。というのも、解釈の余地を許さないはずのリーディング・スキル・テストに対して、生徒から別解の可能性が続々と示されたのです。とりわけ生徒からの苦情が殺到し議論が紛糾したのは、次の設問に対してでした。

問　「エベレストは世界で最も高い山である」この文が正しいとき、以下の文に書かれたことは正しいか。「正しい」「まちがっている」これだけからは「判断できない」のうちから答えなさい。

「エルブルス山は、エベレストより低い」

いちおう「正しい」が《正解》ということになっています。コーカサス山脈の最高峰であるエルブルス山はヨーロッパでいちばん高い山ではあるものの、エベレストよりは標高が低い山です。この事実を知っていれば、常識的に考えたとしても、エルブルス山が「エベレストより低い」ことには疑問が生じません。

厄介なのは「エルブルス山」や「エベレスト」といった固有名を知らなかった場合です。もちろん、それらを知らなかったとしても、「エベレストは世界で最も高い山である」という命題が与えられている以上、依然として《正解》は「正しい」ということになるのでしょう。リーディング・スキル・テストは別に知識を問うものではないので、ある前提から命題の真偽が判断できればじゅうぶんです。しかし、実際はそう簡単な話でもありませんでした。このとき「エルブルス山」を知らない生徒たちが言っていたのは、「世界」というのはなにを指すのか、ということでした。

言われてみれば、「世界」とはいったいなんでしょうか。試みに、手元の『新明解国語辞典（第七版）』で「世界」という語を引いてみると、そこには「人間が住んでいたり行って見たりすることが出来る、すべての所。〔狭義では、地球上に存在するすべての国家・住民社会の全体を指す〕」とあります。この語釈にしたがうならば、「世界」という言葉の範囲は、基本的に「地球」にかぎられるということになります。

その生徒は次のように言います。なるほど、エベレストが「世界で最も高い山である」ことはわかった。しかし、だとしても、もし「エルブルス山」なるものが地球外にあり、さらにその山がエベレスト以上の高さであったならば、たとえ「エベレストが世界で最も高い山である」という前提を認めたとしても「エルブルス山は、エベレストより低い」とは言い切れないではないか。宇宙のどこかに存在する「エルブルス山」がエベレストより高い可能性はあるではないか。したがって、答えは「判断できない」になるべきだ。

この主張に対して、「いや、あなたは知らないかもしれないが、エルブルス山はロシアに実際にある山なんだよ」と答えてもダメでしょう。たとえ「エルブルス山」という山が地球上に存在していたとしても、この広い宇宙のどこかには「エルブルス山」という名のエベレストより高い山が存在する可能性が依然として残り続けるのですから。

だとすれば、この生徒の言うとおり、「エルブルス山はエベレストより低い」という命題について「正しい」と言い切ることはやはりできません。どこまで行っても、かろうじて口にできるのは「判断できない」というところまでです。

ここで問題になっているのは、さしあたり「世界」という言葉の定義です。「世界」の範囲について合意が取れないとき、この設問に対して「正しい」と答えるのは困難になります。そして、いったん「世界」の定義に疑いをもってしまったのなら、この設問をめぐるすべてが疑わしいものになります。

というのも、いったん「世界」のおよぶ／およばない範囲に意識を向けたとき、そもそもこの文字列が日本語である保証自体がなくなってしまうからです。わたしたちは、一見日本語のような文字列が並んだこの設問文に対して、日本語の枠内においてそれらの意味を受け取っていますが、この「世界」の外側に意識を向けたとき、もしかしたらこの文字列は日本語によく似たまったく別の言語体系かもしれない、という可能性が出てきます。

こうして議論は紛糾し、授業は底が抜けてしまいました。2020年に経験した実際の話です。一義的な意味が期待されるリーディング・スキル・テストを通じて、むしろ言葉の底が抜けるような経験をしたことが、個人的にはとても興味深いことでした。

端的であることを目指したリーディング・スキル・テストにおいては、その文脈の乏しさゆえに《常識》の力が働きづらい、ということを実感した経験でした。実際の授業の現場では、ときおりこのような言葉の底が抜けるような事態が起こります。

ごんぎつねの解釈をめぐって

ノンフィクション作家の石井光太による著書『ルポ　誰が国語力を殺すのか』(文藝春秋)は、ある公立小学校でおこなわれた「ごんぎつね」(新美《にいみ》南吉《なんきち》著の定番教材)の授業をめぐるエピソードから始まります。

それは、作中の「よそいきの着物を着て、腰に手ぬぐいを下げたりした女たちが、表のかまどで火をたいています。大きななべの中では、何かぐずぐずにえていました」という場面について、子どもたちが「兵十《ひょうじゅう》の母の死体を消毒している」「死体を煮て溶かしている」などと「あまりに現実離れ」した読みかたをしていた、というエピソードです。

このような状況を目の当たりにした石井は、現在の子どもたちに「読解力以前の基礎的な能力」が欠けていると思い、さまざまな学校を訪れることになります。こうした取材を通じて「国語力」が失われた状況について報告・考察したのが、『ルポ　誰が国語力を殺すのか』という本です。この「ごんぎつね」をめぐるエピソードのインパクトもあって、同書は大きな話題になりました。

最初に言っておくと、この本は国語教育の議論としては妥当性に欠けると思われます。報告されている各校の状況や取り組みは興味深いものの、そのような状況と国語教育との関連についての分析は不正確なところがあります。

たとえば石井は、とくにSNS以降に見られる子どもたちの他人を簡単に傷つけるような言葉遣い、その延長の暴力事件を問題視し、それを「国語力」との関連から考察しますが、その因果関係は不明瞭です。「国語力」の低下が原因となって暴力事件を巻き起こっているのか、あるいは、子どもを取り巻く社会的なコミュニケーションの機能不全が「国語力」の乏しさを招いているのか。同書は、そのあたりの因果関係を曖昧にしたまま議論が進んでいきます。『ルポ　誰が国語力を殺すのか』はあくまで、現代社会のいち風景を活写したルポルタージュとして読むべきものです。

むしろ本書の議論にとって重要なポイントは、「ごんぎつね」に対する子どもたちの「あまりに現実離れ」した読解もまた可能性としては否定できない、ということです。三たび保坂和志的な態度に立ち返るなら、「大きななべの中」で煮込まれているものは、作中において「何か」としか名指されていない以上、やはり「何か」以上のものではありません。その意味においては、その「何か」

の内実を究極的に決定することはできないのです。

『ルポ　誰が国語力を殺すのか』に対する疑問

ではなぜ、その「何か」の内実を「死体」とする子どもたちの読解は間違ったものだとされてしまうのでしょうか。石井は次のように説明しています。

> 新美南吉は、ごんが見た光景なので「何か」という表現をしたのだ。葬儀で村の女性たちが正装をして力を合わせて大きな鍋で何かを煮ていることから、常識的に読めば、参列者にふるまう食事を用意している場面だと想像できるはずだ。
> 教員もそう考えて、生徒たちを班にわけて「鍋で何を煮ているのか」などを話し合わせた。
> （傍点引用者）

引用部に「常識的に読めば」と書かれているとおり、やはり読解を方向づけるのは作品の外にある《常識》の力です。だとすれば、子どもの「国語力」の低下に衝撃を受けるまえにまず考えるべきは、教員の側と子どもの側とで《常識》が異なっているのではないか、ということでしょう。あるいは、社会において《常識》の力が弱まっているのではないか、ということでしょう。

単純に子ども側にとっては、葬儀のときに「村の女性たち」が「参列者にふるまう食事を用意」するという慣習は、石井が思うほど「常識的」なものとして映っていないと思います。たしかに、この時代の村ではそのようなものだったのだろうな、というくらいの想像は働いてもいいと思いますが、個人的には、「常識的に読めば、参列者にふるまう食事を用意している場面だと想像できるはずだ」というほどには、この場面は当たりまえに「読める」ものだとは思いません。石井の書きぶりは大げさです。

そもそも石井が報告する授業に対しては、少し疑問に思うところがあります。というのも、この小学校の先生は、どうしてわざわざ「生徒たちを班にわけて「鍋で何を煮ているのか」などを話し合わせた」のでしょう。通常、「常識的」に読解できる部分であるならば、わざわざグループで話し合わせてひとつひとつ発表させるということはあまりしません。班ごとの話し合いというのは、解釈が分かれうるときになされるのが一般的です。このことは、国語の授業的な《常識》あるいはコードのようなものとしてあります。

だとすれば、――ここからは推測でしかありませんが――このときの子どもたちは、教員からわざわざ発される「鍋で何を煮ているのか」という問いに対して、特別な意味合いを感じ取った可能性があります。

わたしの経験上、生徒は「わざわざ質問されるということは、なにか深い答えが求められているのだろう」という判断を働かせることがしばしばあります。ましてや、班ごとに分かれて話し合わせてその結果をみんなに伝えるということになれば、「この「何か」の中身は物語において重要なものなのだろう」と判断してもおかしくありません。

この授業の趣旨からしたら、生徒はわざわざ「鍋で何を煮ているのか」ということを話し合ったのち、班ごとに「煮物だと思います」とか「野菜だと思います」とか鍋の中身を答えるということでしょうか。実際の授業を見ていないのでなんとも言えませんが、授業的な《常識》をふまえたとき、そちらのほうがよほどナンセンスに思えます。

石井が紹介するエピソードだけ読むと、もしかしたらそのような授業コミュニケーションにまつわる《常識》の力こそが生徒の深読みを誘い、「兵十の母の死体を消毒している」「死体を煮て溶かしている」という読解を生み出したのではないか、という気がしてきます。子どもたちの「現実離れ」した読解は、もしかしたら教員の見えない誘導によって引き起こされた面があるのかもしれません。

自閉症者における読解

もっとも、いま述べたような教員の見えない誘導がなくとも、こうした読み違いはしばしば起こりえるでしょう。思いもよらない読み違いや初歩的な読解ミスは、それほど珍しいものではありません。自分だってそのような読み違いをするときはいくらでもあるし、プロが書いた書評などでもしばしば初歩的な読解ミスを見つけることはあります。字義どおりに文章を書いたり読んだりすることは、それほど簡単なことではありません。

さて、このような一般的な傾向に加え、近年では次のような論点を確認することができます。それは自閉症スペクトラムと読解の関係についてです。

２０１８年、教員免許更新のさいに受講した「発達障害と教育」という講義のなかにおいて、従来の国語・現代文における「作中人物の心情を読み取りなさい」式の問いが、自閉症スペクトラムの生徒に対する「合理的配慮」に欠ける可能性がある、ということが話されていました。

ようするに、言外の意味を読み取ったり、文脈・行間を読んだりすることが苦手な自閉症スペクトラムの生徒にとって、作中人物の心情を読み取るような読解は過剰負担である可能性がある、ということです。これは初等教育に関する議論のなかで紹介された意見で、実際いくつかの小学校では、文脈・行間を読ませるさいに自閉症の子どもに対して注意を向ける、ということでした。このことについて、わたし自身は何度か論考などで紹介したものの、現時点では社会的な議論として深まっている様子はありません。

自閉症スペクトラムと読解の関係について、印象論で勝手なことは言えません。わたしの経験から言っても、発達障害の診断を受けた生徒が読解が苦手である、という印象はそれほどありません。

しかし、以下のような指摘もあります。

英文学者の持留浩二《もちどめこうじ》は、自閉症における物語読解についての次のような指摘を報告しています。

リサ・ザンシャインは文学研究者であるが、認知科学の視点から文学研究にアプローチしている。『なぜ我々はフィクションを読むのか――心の理論と小説』(*Why We Read Fiction: Theory of Mind and the Novel*)の中でザンシャインは、自閉症者には物語を読むことへの興味を欠いている傾向があると指摘している。フィクションを読むには相手の心を読み取るマインドリーディングの機能が必要になるのだが、自閉症者にはそのマインドリーディング機能に問題があることがあるからだ。

(『〈自閉症学〉のすすめ』ミネルヴァ書房)

引用部においては、作中人物の心情のことが中心化されていますが、一般的に自閉症者が読み取れないのは文脈・行間、あるいは言外の意味や暗黙の規則とされます。認知科学研究の小嶋秀樹は、「ASD者は、文脈から独立し、全体よりも部分ごとに断片化された情報処理を行う。ゆえに、対象・事象の全体的なゲシュタルト構造を捉えることや、文脈との関連の中で対象・事象を意味づけることが苦手である」と指摘しています(『〈自閉症学〉のすすめ』)。

たとえば、姫野《ひめの》桂《けい》『私たちは生きづらさを抱えている』(イースト・プレス)には、職場の先輩に「お昼どうする?」とランチに誘われたが「お昼をどこで食べるか聞かれただけで、誘われたわけではない」と判断した自閉症当事者が、「私は向こうで食べるんで」と答え、「生意気だ」と陰口を叩かれるようになった、というエピソードが紹介されています。「お昼どうする?」という言葉に「お昼を一緒に食べよう」というメッセージが抱えられていることが気づけなかった、ということです。

もし、自閉症当事者が生活のなかで感じているのと同様のことが小説読解のさなかにおいても起きているとすれば、自閉症者にとっては、必ずしも明示されない文学や小説をめぐる《常識》の力を働かせることこそが苦手なのだ、ということになります。

さきの石井光太は、今西祐行《すけゆき》「一つの花」（小学４年生の定番教材）における父親の行動について読み違いをした子どもに触れつつ、「作中には、父親がコスモスを渡した時の心理描写はないが、登場人物の立場に立ち、状況や背景をふまえれば、行間から父親の気持ちを想像できるだろう」と述べます。しかし、一部の人にとっては、まさにそうした「状況や背景」をふまえて「行間」から他者の気持ちを想像する作業こそが苦手である可能性があるのです。

障害者差別解消法が施行され、障害者に対する「合理的配慮」が義務化される時代です。このような時代の変化は基本的に喜ばしいものだと思っています。

では、このような時代にあって、一般的に《書きすぎていない》ことを美学とする文学の業界は、ある種の読者を切り捨てるような態度を取り続けるでしょうか。あるいは、公共的な役割を果たすべき国語教育の業界は、これまでと同じように《書きすぎていない》部分を選んで傍線を引き、作中人物の心情を問うような設問を作り続けるでしょうか。それは定型発達者中心の教育になる可能性はないでしょうか。

どのように考えたらいいのか、なかなか難しいところですが、現代における文学の位置づけを考えるための興味深い論点だとは思います。
ちなみに小説家の柴崎友香は『あらゆることは今起こる』（医学書院）において、ＡＤＨＤ当事者としての経験を観察的に書いていますが、とりわけ発達障害と小説・物語とのかかわりの部分は興味深いです。柴崎は高校時の国語の授業について、次のように書いています。

高校三年のとき、教科書に載っている小説（の一部）の文章を細かくパーツに分けてここの意味はこれ、と解説する授業があまりにも自分が小説を読むときに考えたり感じたりすることとかけ離れすぎていて、ノートを取る気が起こらず、教科書や国語便覧の他のページを読んで一年を過ごした。

興味深い部分です。わたしなんかは、「小説（の一部）の文章を細かくパーツに分け」ることはむしろＡＤＨＤ者にとって読むことの助けになるのかな、なんて安易に考えていましたが、そんなこともないようです。柴崎の経験をＡＤＨＤ者の経験としてどの程度一般化していいのかはわかりませんが、いずれにせよ発達障害者だろうがそうでなかろうが、一緒くたに考えないという姿勢は必要でしょう。
個人的には、どちらかと言うと、「ノートを取る気が起こら」なかった柴崎が「教科書や国語便覧の他のページを読んで一年を過ごし」ていることも興味深いと思いました。興味深いというか、教科書や国語便覧のセーフティネットのように機能している点に勝手にグッときたところがあります。

あらためて「こちらあみ子」を考える

遠回りをしてしまいましたが、以上のような議論をふまえたうえで、最後にもう一度「こちらあみ子」について考えてみましょう。

この作品の語り手であるあみ子は、それこそ常識的に考えると、とても変わった言動をします。印象的なのは、庭に「弟の墓」と書かれた木の棒を立てて、流産してしまった「弟」（実際は「妹」だったわけだが）の墓をこしらえた場面です。それを母に見せたあみ子は、母に「すごいね、きれいね、と言ってもらえると思った」と語られます。まっすぐすぎるあみ子が恐ろしく、また少しだけ魅力的にも映る場面です。他方、このようなあみ子の作中の様子を見ていると、多動症と自閉症をあわせもっているのではないかとも考えてしまいます。

もちろん、作中において「発達障害」などの言葉が登場しない以上、このような精神科医気取りの診断は危ういでしょう。わたし自身、いまこういうことを書いていて、あみ子に発達障害の傾向を指摘することに抵抗があるのはたしかです。

実際、書評家の瀧井《たきい》朝世《あさよ》は、作中のあみ子が「発達障害」と指摘されていない点を評価しています。

また、彼女が何かの医学的な問題を抱えているのか明らかにされない点も秀逸だ。もし例えば発達障害とのラベルが貼られていたら、発達障害以外の読み手は自分とは違う人の話だと思ってしまうかもしれない。そうではなくカテゴライズを避けたことによって、読み手はあみ子に寄り添っていける。

（「あみ子の世界がふたたび」『ｗｅｂちくま』２０１４年７月１日）

引用部の指摘はその通りでしょう。加えて言えば、すでにくり返し述べているとおり、小説世界においては言葉で書きあらわされていることは、それ以上でもそれ以下でもありません。その意味で「発達障害」という言葉の有無にこだわった瀧井は、誠実な小説読者と言うことができます。しかしどうでしょう。少し意地悪な指摘をしてしまうと、この書評はやはり定型発達者を中心化したものになっています。だからこそ、引用部の最後は「寄り添っていける」という表現になっています。もちろん、瀧井はそんなことは承知で、だからこそ「発達障害以外の読み手」という限定をかけながら論じています。したがって、わたしのこの指摘は揚げ足を取るような難癖に近いものです。

それでもなおここで考えたいことは、「こちらあみ子」という作品が発達障害者を周縁化するような構造となってしまっている可能性についてです。

もし、明言を避けて前後の文脈や関係性を読ませるような、すなわち《書きすぎていない》作品が自閉症者おいて過剰負担になるのであれば、「こちらあみ子」はもっぱら定型発達者に向けられている、ということになってしまいます。それは、あみ子のような他者の気持ちを想像することが苦手な人こそ、「こちらあみ子」のような小説を読解するのは困難である、ということを意味します。言うなれば、あみ子は「こちらあみ子」という作品を読解できるのか、という問いかけです。

あみ子はあみ子を読めるのか

実際、あみ子がなんらかの発達障害を有しているという読み筋がまったくないわけではありません。たとえば、あみ子は「保健室で寝て過ごしたり図書館でマンガを読んだり」といったように、学校運営上、「授業には参加せずに独自の方法で下校までの時間を潰すこと」が許されています。このような描写から考えると、あみ子の発達障害に関するなにかしらの診断書が学校に提出されているのだろうと推察することができます。

加えて言えば、あみ子の同級生であるのり君が、お母さんから「孝太君の妹は変な子じゃけどいじめたりしちゃいけんよって。なんか変なことしようとしたら注意してあげるんよ」と言われていることも、あみ子における発達障害の可能性を示唆するものです。

このような作中の事実を抜きに、「カテゴライズを避けたことによって、読み手はあみ子に寄り添っていける」と、あたかも誰でも同化が可能かのように書いてしまうと見誤るものがあります。常、識的に考えて、「こちらあみ子」という作品はあきらかにあみ子を発達障害者として読ませようとする「期待」（ヤウス）とともにあります。あみ子とそれ以外の作中人物とのあいだには、この社会を生きていくうえでの《常識》をどの程度有しているのか、という点で大きな区別をもって描かれているのです。

もちろん「発達障害」の存在も《常識》の存在も、究極的にはフィクショナルなものです。それらは文化的・社会的にこしらえられたものにすぎず、必要以上に実体化すべきものではありません。とはいえ、少なくとも「こちらあみ子」という作品が、そのような社会の《常識》を見すえながら書かれていることはたしかだし、想定されている読者も、そのような社会の《常識》から外れるあみ子に魅了されることが「期待」されています。

だとすれば、そのような見事な作品性は、どこまでも定型発達者に向けられていることになります。「変な子」であるあみ子に注目し、配慮し、理解し、ときに共感し、寄り添おうとする作品の構造自体が、すでに定型発達者側の発想としてあるのです。そのような読書コミュニケーションにおいては、まさにあみ子のような存在こそが排除されてしまう可能性があります。

小説としてたいへん洗練されており、ゆえに試験問題としても使えそうな「こちらあみ子」という作品は、独特なかたちで現代における小説のありかたを問いなおしています。

あみ子は「こちらあみ子」という作品を読解できるのか——。

この問いかけは、明示されることのない《常識》に寄りかかって成立している、文学と国語教育の双方に投げられています。わたしたちは、これからも小説の《書きすぎていない》ことを称揚し、その《書きすぎていない》ことの内実を試験問題として問うべきなのでしょうか。

第5章
文学史について考えよう

文学史はつまらない？

国語の授業においてなかなか評判の悪い言葉として、「文学史」というものがあります。文学史と言うと、国語便覧を開いて「自然主義文学のあとに私小説が来て、一方で志賀直哉や武者小路実篤《むしゃのこうじさねあつ》らによる白樺派《しらかば》というのが大正期の文学の潮流としてあって、耽美派《たんび》というのもいて……」といった感じがイメージされます。古典の領域においては奈良時代から江戸時代まで、現代文の領域においては明治時代から現代まで、それぞれ代表的な作家・作品がずらっと列挙されるのが、「文学史」と呼ばれるものの一般的なイメージでしょう。ここではとくに、現代文の領域における文学史（すなわち、近代文学史）に注目したいと思います。

国語における文学史の評判が悪いのは、その暗記的で詰め込み的な性格によります。国語なんて暗記作業の必要がないのが良いところだったのに、文学史なんてものがテスト範囲になってしまったら丸暗記の量が増えてしまう！　文学史は、そのように敬遠されてしまっているような印象があります。

実際、読んだこともなくどんな内容かもイメージできない作品の数々をまえに、いくら「〇〇派」とか「〇〇主義」とか言われても興味が湧かないのは当然だろうと思います。授業で扱うにしても、その歴史的背景や文脈・系譜をふまえて体系的に説明するのは時間的にも難しく、教材に絡めたかたちで「文学史的位置づけ」を表面的に紹介するのがせいぜいでしょう。

たとえば、授業で芥川龍之介の「羅生門」（現在では『言語文化』の教科書に収録されていることが多い）を読むにあたって、「夏目漱石に『鼻』が激賞されデビュー。とくに初期においては古典を題材にした理知的な作風で知られ、晩年は私小説に傾斜した」といった芥川龍之介にまつわる情報を紹介する、といった具合です。

ということで、現実的に定期テストを作るとなれば、国語便覧の芥川龍之介のページおよび芥川の名が登場する明治後半〜大正期あたりのページを指定して、「太字を覚えておきましょう」と呼びかけることになるかもしれません。それで穴埋め問題を10点ぶんくらい作ることができれば、テスト作成をする側としてはありがたいと思えるわけです。

上記はやや意地悪に書いていますが、少なくとも文学史というものが、現代文においては珍しく、暗記作業とともにイメージされていることはたしかでしょう。だとすれば、受動的な学習ではなく「主体的な学び」を目指そう、と声高に叫ばれている現在においてはなおさら、文学史というものは評判が良くありません。

もっとも、数年にひとりくらいの割合で「国語便覧で面白そうだったので坂口安吾を読みました」みたいな生徒もいますが、数としてはごく少数と言わざるをえません。また、『文豪ストレイドッグス』などのヒットは近代文学に対するハードルを若干下げたと言えるかもしれませんが、大きな影響はいまのところあまり感じていません（国木田独歩《くにきだどっぽ》の名前は『文スト』によって有名になりましたね）。

国語便覧における中村光夫史観

さて、国語便覧に書いてあるような近代文学史は、基本的には文芸評論家の中村光夫が描いたものが参照されていると思われます。

たとえば、国語便覧における自然主義と私小説に関する記述は、中村の『風俗小説論』（河出書房、1950年）の評価をほとんどそのままなぞっています。その他、国語便覧における近代文学史の流れは、1954年に書かれた『日本の近代小説』（岩波新書）、その続編の『日本の現代小説』（岩波新書、1968年）で示されたものとほとんど同じでしょう。実際、わたしが文学部に進学するさいも、上記2冊を読んで文学史をひととおり頭に入れておくことを求められました。

もちろん、文学研究者の吉田精一をはじめ、作家の伊藤整《せい》、文芸評論家の平野謙（いわゆる人民戦線史観）など、ある問題意識をもって近代文学を整理した人は少なからずいます。あるいは、文芸評論家の磯田光一が描いた文学史なども魅力的なものとしてあります。さらに「文学史」史をひもとけば、1906（明治39）年の時点ですでに、高橋淡水『明治文学史』（開発社）、岩城準太郎『明治文学史』（育英社）が、それぞれ出版されています。

これらの仕事は重要なものとして現在でも参照されるものであり、近代文学史は、実際にはその総体として捉えるべきものでしょう。とはいえ、さしあたり国語便覧を眺めるかぎりは、一般的な文学史の基本線を担っているのは中村光夫だという印象があります。

もっとも各論者が提出する文学史を比較したとき、重心のかけかたやアクセントの付けかたこそ異なるものの、その一定の推移に根本的な変更を求められるようなことはあまりないでしょう。その意味では、近代文学における大まかな流れはある程度共有されていたとも言えます。

才能ある作家がいて、その作家によるすぐれた作品があって、そのような作品と時代精神が重なるところから文学史が描かれる――。かつての文芸評論家は、作家の評伝を書くことに加え、文学史を紡ぐこともまた大きな仕事だと捉えられていました。このような文学史をめぐる力学をめぐっては、大東和重『文学の誕生――藤村から漱石へ』（講談社選書メチエ）の終章が参考になります。

文芸批評による文学史批判

そんな文学史なのですが、ある時期以降、急速に評判を落としたところがあります。自分の経験を思い出しても、大学の文学部に入った２０００年代、無批判に「文学史」と言うことはなんとなくはばかれるような雰囲気があったように思います。その一因は、文芸批評や文学研究の領域において起こった文学史に対する痛烈な批判にありました。

つまり、国語における評判の悪さとはまた別の話として、文学史は文芸批評・文学研究といったふたつの領域においても評判が悪かったのです。

文芸批評側による文学史批判はいろいろとありますが、影響が大きかったもののひとつとして、1980年に刊行された柄谷行人の『日本近代文学の起源』（講談社）があります。日本の文芸批評においてたいへん影響の大きい一冊です。柄谷はこの記念碑的とも言える著書の冒頭、夏目漱石の文学論を参照しながら次のように述べます。

漱石が「文学史」、または文学の歴史主義的研究を否定せざるをえなかったのは、まず「文学」そのものの歴史性を問うたからである。歴史主義とは、「文学」と同様に十九世紀に確立した支配的観念であり、歴史主義的に過去をみるということは、「普遍的なもの」を自明の前提とすることである。

漱石の問題意識を受け取った柄谷は、「文学」という存在を自明のものとは考えません。柄谷によれば、「文学」に描かれていることは、いくら「普遍的なもの」に見えようとも、ある歴史的な条件のなかで「発見」されたものにすぎないのです。柄谷の画期性は、日本近代文学をめぐるさまざま「起源」を探ることによって、一見普遍的・自然的に見える「文学」の制度性や歴史性を暴いたことでした。

この柄谷のような立場から考えたとき、「文学史」というのは、「文学」という制度を延命させる装置でしかありません。もっと言えば、「文学史」という発想は、「文学」が生まれてくる地点で起こったさまざまな出来事を隠蔽してしまうものです。そんな柄谷が文学史批判をおこなったさいに批判対象になったものこそ、中村光夫の『明治文学史』（筑摩書房、１９５９年）でした。

こうして柄谷の影響力がいよいよ強くなった１９９０年代以降くらいでしょうか、「文学史」という言葉は無批判に使用できるものではなくなりました。

文学は、各時代における時代性との格闘や衝突とともにあるはずなのに、西洋文学をモデルにした「文学史」を日本に当てはめた途端、そのような痕跡は忘れ去られてしまう。とりわけ２０００年代くらいまでは、「○○派」や「○○主義」といったかたちで個別の作品を分類してしまうような、いかにも「文学史」的な手つき自体に対する嫌悪感は強かったように思います。ある時期以降「文学史」を自明視することは、文芸批評や文学理論をろくに勉強していないことを表明するかのような雰囲気がありました。

加えて、そのようなアンチ文学史的な態度の延長として、国民的な作家を「文学史的位置づけ」から解放しようという機運も盛り上がりました。文芸批評におけるその代表的な試みとしては、第２章でも紹介した蓮實重彥『夏目漱石論』があります。「横たわる漱石」という画期的な漱石論を収録した蓮實の『夏目漱石論』が、その独自のテマティスム批評によって「則天去私」や「低迴趣味」といった従来的な漱石神話から漱石を解放したことはすでに述べたとおりですが、それは同時に「文学史」に太字の用語で登場するような漱石イメージを排すことでもありました。

このような「国民作家」にまつわるイメージを解体する試みは、同時に「国民作家」たちからなる「文学史」を解体することを意味していました。そしてそれは、少なからず近代国家に対する批判を含んだものでもありました。

文芸批評家の絓秀実は、「明治文学史」「大正文学史」「昭和文学史」といったかたちで元号とともに語られる事態に対して、「元号による文学史を無自覚に許容しているかぎり、天皇制と文学とのかかわりに対する自明性のなかにいる」と指摘しています(『JUNKの逆襲』作品社)。「文学史」批判は、ナショナリズム批判という課題を背負ったものでもあったのです。

文学研究でも文学史批判

他方、文学研究の側においても、「文学史」の相対化がおこなわれました。とりわけ1990年代以降、文学研究においても文芸批評においても、文学史の読み換えや批判的な検証の作業がさかんにおこなわれるようになりました。

文学研究におけるその意欲的な試みとしては、たとえば、1994年に刊行された鈴木貞美『日本の「文学」を考える』(角川選書)を挙げることができます。鈴木は、本書を次のような「文学史」批判から始めています。

「文学史」は、無数の作品、それにまつわる無数の事柄の中から、それらのもつ意味を考え、重要と思われるものを選択し、ひとつの歴史として描き出すものだ。だから、なにをどう取りあげるか、というところに、作品の読み方、つまり「文学」観が働く。社会の歴史との関連を考える際には、そこに歴史観も働く。つまり「文学史」というものも、「文学」的価値観や観念の制度によって書かれている。そこで「文学史」は、われわれを捕らえている目に見えない檻になる。頭の中に植えつけられた「文学史」が、個々の作品の読み方を決めてしまう場合も多い。

このように述べる鈴木は、大衆文学・大衆文化の台頭や大正期における生命主義の流行に注目するなどして、従来の「文学史」とは異なる近代日本文学の歴史を描き出そうとしました。『日本の「文学」を考える』の冒頭、鈴木は「「文学」的価値観や観念の制度が歴史的にどのように変化してきたかを明らかにする仕事」もまた「「文学史」という学問の課題」だ、と述べていますが、柄谷行人とも通じるこのような「文学史」という制度を問いなおすような態度は、１９９０年代以降の文学研究の場において常識的なものとしてありました。

実際、１９９０年代の文学研究において影響力を持っていた『読むための理論』という文学理論の入門書では、文学研究者の小森陽一が「文学史」について複数の問題点を指摘しています。それらをまとめると、次のようになるでしょう。

・文学者の名前とその著作を年代順に並べて、あたりさわりのないいくつかの特徴についての断片

的指摘をまぜあわせただけのものであること

・学界で「公認された標準」にしたがった作家や作品だけが選びとられること

・主流となるジャンルの隆盛や転換について文学に固有な論理で意味づけることをせず、時代思潮や政治傾向についての一般的な考察で囲いこんでしまうこと

・文学作品に対する美的評価を避け、すでに「傑作」として評価の定まった作品を並べることで、文学の現代的動向とのアクチュアルなかかわりが失われてしまうこと

小森によるこれらの指摘は、前章でも言及したH・R・ヤウス『挑発としての文学史』をふまえたものですが、「文学史」が抱える制度性や歴史性を自明視しないという点において、やはり柄谷の問題意識と大きく重なるところがあります。その意味で、文学研究における文学史批判は文芸批評と足並みを揃えていたと言えます（というかこの時期の文学研究は、いまよりもずっと文芸批評との距離が近かったように思います）。

「文学史」の再評価

かくして「文学史」は、文学をめぐる「あたりさわりのない」歴史として、あるいは暗記されるべき退屈なものとして、わたしたちのまえに出現することになります。こうした批判を経て、「文学

史」は国語教育の現場においても文芸批評・文学研究の領域においても、まったくアクチュアルなものではなくなってしまいました。

文芸批評家の絓秀実などは「文学史」のこのような性格を見すえつつ、「小説を読まぬための、作家の固有名詞を含めたある種の諸記号の配置を、ここでは「文学史」と呼んでおく」と、皮肉まじりに述べています（『文芸時評というモード』集英社）。

絓のこの物言いは意地悪ながらも言い得て妙です。さきほど、国語教育の文学史においては読んだこともない作品を暗記させられるものだ、といったことを書きましたが、絓の指摘をふまえるならば、「文学史」とはむしろ、個々の作品を読まなくてもいいものにとどめておくものである、とすら言えるかもしれません。

すでに定着した評価さえ押さえておけば、その作家について、その時代について、それなりにわかった気になれるものです。だとすれば、なるほど国語教育における「文学史」とは、作品を読まずに済ませておく装置として機能していると言えます（それはそれで悪いことだとも思いませんが）。

さて、大学時代にこのような文学史批判の議論をめいっぱい浴びたわたしは、ろくに「文学史」を勉強しようともしないまま「文学史」への批判を弄するような学生になってしまいました。古典的な名作もまともに読まずに「文学という制度が……」なんて言っていたのは、あまりにも恥ずかしい記憶です。

文学理論にハマっていたことが無駄だったとは思いませんが、学生時代に文学史的な研究を軽視していたことについては率直に後悔しています。かつて「文学史」批判をおこなっていた人たちだって、一般的な文学の潮流は当然のように頭に入っていたに決まっているのに……。

そんな文学史批判にかぶれていたわたしですが、現在では文学史の必要性を感じています。その理由は、端的に文学をめぐる歴史感覚が失われているように思えるからです。

ごく単純に言って、文学史批判や文学史の相対化が有効であるためには、多くの人のあいだで正史としての「文学史」が共有されていることが前提になります。しかし現在では、こんなわたしが心配をするほどに「文学史」が共有されていません。2000年代以降にあきらかになったのは、誰もが「文学史」を批判した結果、小さな歴史ばかりが乱立して文学のメインストリームが空洞化してしまったという事態でした。

そもそも日本の「文学史」それ自体、古井由吉《ふるいよしきち》、後藤明生《ごとうめいせい》に代表される内向の世代以降の潮流を語ることができていません。1970年代以降の作家に対しては、それぞれ「空虚の世代」(小田切秀雄)、「青の世代」(井上光晴)、「ロックとファックの時代」(埴谷雄高《はにやゆたか》)といった名づけがなされたようですが、現代において定着しているとは言えません。現代――とりわけ戦後生まれとして初めて芥川賞を受賞した中上健次《なかがみけんじ》の登場以降――におけるこのような「文学史」の困難については、やはり絓秀実が、世代論の失効という観点から論じています(『文芸時評というモード』『JUNKの逆襲』)。

国語便覧が紡ぐ「文学史」の現在

実際、国語便覧においては、内向の世代以降の戦後生まれの作家として、中上健次、村上龍、宮本輝《てる》、高橋三千綱《みちつな》、村上春樹あたりが並べられ、いずれも「現代の若者の感性を描いた」とまとめられたところで「文学史」のページが閉じられることになります。もう少し言えば、そこに竹西寛子、大庭みな子、富岡多恵子、高樹のぶ子、吉本ばなな、鷺沢萠《さぎさわめぐむ》、柳美里《ゆうみり》などによる「女性作家の活躍」が加えられることもあります。これらの記述とともにマスメディアの発達にともなう「大衆社会」の到来が指摘され、最後に五木寛之、野坂昭如《あきゆき》、井上ひさしあたりの大衆作家の名前が加わるのが国語便覧におけるおなじみの流れと言えるでしょう。

しかし、それぞれの作風の違いを考えると、正直これらはあまり説得力のある記述とは言えません。ましてや、「女性作家の活躍」という項目を立てて「女性」ということを根拠に括ってしまうことに対しては、ジェンダー的な問題も指摘できます。ある国語便覧では「女流」という言葉が使用されていますが、「女流」という語がはらむジェンダーの非‐対称性の問題は、上野千鶴子・小倉千可子・富岡多恵子『男流文学論』（ちくま文庫）などが問題にしているとおりです。

現役世代の作家や若手作家についてはどうでしょうか。現代に近づくほど体系的な記述は難しいようで、現役の作家についてはどの便覧においても「人気作家」として顔写真とともにひたすら列挙されることになります。

比較的新しい小説家としては、朝井リョウや西加奈子、なかには又吉直樹を掲載している国語便覧などもありました。しかしそれらは、文学史を描くというよりは、そのときどきで話題になった作家を恣意的にピックアップしているだけのように見えます。

いちおう指摘しておくと、教科書に採用された作家や評論家が国語便覧に掲載されやすい、という裏事情（?）はあります。副教材なのだから当然ではあるのですが。朝井リョウや西加奈子が採り上げられているのは、そのような事情もあってのことでしょう。ちなみに言うと、最近の評論家の顔ぶれにニュースキャスターの池上彰や脳科学者の茂木健一郎が並んでいるのも、そういう事情だと推察されます。いずれにせよ、同時代の「文学史」を描くことの難しさを感じさせます。数十年後、日本の文芸評論家を代表するのが池上や茂木ということになったら、それはちょっとどうかなと思ってしまいますね。

小森陽一は「文学史」について「時代思潮や政治傾向についての一般的な考察」によって囲いこまれるものだと指摘していました。だとすれば、社会全体が共有する「大きな物語」（J・F・リオタール）が失効したと言われる現代のポストモダン状況において文学史を描くことができないのは、わかりやすい道理ではあります。

現代においては、どのように「文学史」を描いたとしても少なからず偏りが指摘されてしまいます。したがって現代の文学状況をかろうじて示す手段は、作家名をフラットに列挙することなのでしょう。

数研出版の意欲的な試み

そんななか、現在進行形の「文学史」を意欲的に紡ごうとしているのは、数研出版の『プレミアムカラー国語便覧』です。本書は、「小説と映像」や「近現代ベストセラー比較」といった他の国語便覧にはないページを設けている点に特色がありますが、それ以上に特筆すべきは、「平成文学の流れ」をまとめていることです。国語便覧の最新型として、少し紹介しておきたいと思います。

「平成文学の流れ」のページでは、まず「グローバル化」という観点から、村上春樹、大江健三郎、リービ秀雄、多和田葉子らが紹介され、次に「多様な新作家の登場」として小川洋子、平野啓一郎、綿矢りさが太字で紹介されます。「多様な新作家の登場」の項目では、他にも辻原登、保坂和志、阿部和重、奥泉光、笙野頼子《しょうのよりこ》、川上弘美、金原ひとみ、島本理生、鹿島田真希などの名前が挙がっており、90年代から2000年代の文学シーンを彩った作家たちが「多様」という言葉のもとに列挙されています。

「平成文学の流れ」はその後、「周縁からの問いかけ」として、「沖縄文学」と「在日文学」が続きます。具体的には、沖縄文学として目取真俊《めどるましゅん》や又吉栄喜《またよしえいき》が、在日文学として李良枝《イ・ヤンジ》や金石範《キム・ソクポム》、鷺沢萠や柳美里らが挙げられています。この項目は「沖縄や在日朝鮮人といった日本社会の周縁からそれぞれの問題を提起し、それを通じて国や社会、人間のあり方をとらえなおそうとする文学にも、豊かな成果が見られる」と解説されています。１９９０年代とは、戦後50年を経て従軍慰安婦をめぐる問題や戦後責任をめぐる問題が再考された時代だと言えますが、そのようなマイノリティによる文学を「文学史」におけるいち潮流として取り上げることの意義は大きいでしょう。

「周縁からの問いかけ」の次に来るのは、「異業種作家の活躍」という項目です。ここでは、劇作家・演出家の柳美里、ミュージシャンの辻仁成《つじじんせい》、同じく「ミュージシャンで俳優」（自身のプロフィールでは「パンク歌手」）とされる町田康《こう》が太字で紹介されており、さらに、劇作家の本谷有希子やお笑い芸人の又吉直樹なんかの名前も挙がっています。もっともこの並びであれば、ノイズ・ミュージシャンの中原昌也や劇作家の岡田利規《とし き》の名前も挙がってよさそうですが、不思議とそうなってはいません。このあたりは芥川賞を受賞しているかどうかが基準になっているのかもしれません。

その後「平成文学の流れ」は、「情報技術やサブカルチャーの結びつき」としてケータイ小説（美嘉『恋空』）とライトノベル（時雨沢恵一《しぐさわけいいち》『キノの旅』、谷川流《たにがわながる》『涼宮ハルヒの憂鬱』）が紹介され、最後は例によってと言うべきか、「女性作家の活躍」（小川洋子、川上未映子、宮部みゆき他）に言及されて閉じられます。

ここに描かれている「平成文学の流れ」は、それなりによくまとまっていると思います。多岐にわたる「平成」年間における文学シーンの動向がよく押さえられている印象です。

もちろん細かいことを指摘することはできます。たとえば、１９９０年代後半、「多様な新作家の登場」「異業種作家の活躍」というカテゴリをまたがるように「J文学」というムーヴメントが打ち出されたことがありました（打ち出したのは、河出書房新社発行の『文藝』という文芸誌です）。音楽・映画・マンガといったポップカルチャーと並列される「J文学」のありかたを重視する者であれば、ここで描かれている「平成文学の流れ」には違和感を覚えるかもしれません。

また2000年代は、講談社が発行したエンタメ小説誌『ファウスト』を主戦場とした「ファウスト系」と呼ばれる一群（佐藤友哉、舞城王太郎《まいじょうおうたろう》など）が隆盛した時期でもありました。『ファウスト』は、文学とミステリとライトノベルのちょうど中間に位置するような清新な作品を積極的に掲載していました。だとすれば、ライトノベルやケータイ小説を「文学史」に含むのであれば「ファウスト系」も含むべきだろう、という指摘があってもおかしくありません。そうなれば、「ファウスト系」の前身に位置する雑誌『メフィスト』や、それらの源流である新本格ミステリのシーンに対する言及も必要かもしれません。

もっとも、さきほど引用した鈴木貞美も述べていましたが、歴史を紡ぐにあたっては、どの歴史的事象を取り上げるかという選別が必ず働きます。「文学史」における偏向性を完全に脱することなどできません。したがって、かりにケータイ小説の代わりに「J文学」や「ファウスト系」を入れたとしても、違和感は変わらずに残り続けるのだろうと思います。

ましてや現代は、社会の細分化にともなって文学の全体像が描きづらくなった時代です。その意味で、『プレミアムカラー国語便覧』に「あれが足りない」とか「なぜこれが入っているのだ」と指摘するのは、なかば難癖めいたものになってしまうでしょう。

とはいえ、「文学の思潮」の一覧表に「自然主義」や「白樺派」や「プロレタリア文学」といった名称と並んで「ライトノベル」「ケータイ小説」が並んでいるのは、やはり違和感を覚えてしまうところです。というのも「ライトノベル」や「ケータイ小説」の隆盛は、前時代の文学に対する反発や否定とともにあった従来的な「文学史」の歩みとは、普通には重ならないからです。

だとすれば、このことはむしろ、「平成」以降においては文学的価値は売り上げという指標によってしか計ることができない、という事態を示していると見るべきでしょう。それはやはり、従来の「文学史」が描いていた歴史とは異なります。

歴史を切断する試み

ということで、日本の「文学史」は、1970年代以降の潮流を明確には描くことができないいま、現在にいたっています。もっともこのかん、現代的な「文学史」がまったく書かれなかったわけではありません。磯田光一は1980年代に、『左翼がサヨクになるとき』(集英社)、『戦後史の空間』(新潮社)といった著作で、同時代の社会との関連のなかで1970年代以降の文学史的記述を試みました。

また少し時代がくだったところでは、石川忠司『現代小説のレッスン』(講談社現代新書)、仲俣暁《なかまたあき》生《お》『ポスト・ムラカミの日本文学』（朝日出版社）、尾崎真理子『現代日本の小説』（ちくまプリマー新書）、佐々木敦『ニッポンの文学』（講談社現代新書）などが、おもに１９８０年代以降の動向を追っています。とりわけ石川・仲俣・佐々木は、「J文学」の動向を視野に入れた仕事をしていました。

これらの仕事は著者それぞれの問題意識に貫かれたものであり、とりわけ１９８０年代以降の小説をこれから読んでみようと思う一般読者にとってはたいへん有益なものです。わたし自身、これらの本で現代の日本文学を通覧したところがあります。しかし、狭義の「文学史」として考えたとき、磯田以外の本に関しては、既存の「文学史」との連続性が希薄であるという特徴を指摘することもできます。

　もちろんこの歴史感覚の希薄性は、それぞれの著者にとってなかば意図的なものでしょう。なぜならくりかえし述べているように、１９８０年代以降においては、当の文学自身が歴史性を見失っていると言えるからです。批評家の大塚英志は、１９８０年代に『文藝』新人賞の選考委員をつとめていた文芸批評家の江藤淳《じゅん》について、「江藤は文学史と新人賞の小説の書き手たちが歴史的に切断されてしまっていることを受け入れ、文学史的な基準で彼らを評価することを断念していることがうかがえる」（『サブカルチャー文学論』朝日文庫）と書いていました。

　したがって、さきに挙げた磯田以外の現代文学史はむしろ、世代論を中心とした「文学史」がすっかり失効してしまった地点から、いかにふたたび「文学史」らしきものを記述するか、ということが目指されていたと言えます。彼らは、従来的な「文学史」からの切断をあえておこなうことで、むしろ同時代の文学の意義と魅力を示そうとしていました。その意味ではやはり、いずれも貴重な試みだったと言えます。

歴史感覚を共有する

さて、そのような経緯を確認したうえでなお、現在のわたしは、従来の「文学史」の歴史を延長するような「文学史」が必要だと感じています。文学をめぐる状況も多様化し、およそ文学の全体性を示すのが困難になった現在、それでもなお「文学史」を描こうという蛮勇を求めているところがあります。

くりかえしますが、その背後には、文学をめぐる歴史感覚が共有されていない、という気持ちがあります。このあたりはいかにも国語教員らしい保守性なのかもしれません。別に「文学」に対して強い思い入れがあるわけでもないのですが、一方で、歴史感覚が失われたアナーキーな状況がさほど楽しいと思えない、という気持ちがあるのもたしかです。

このような問題意識のもと、2017年に「新感覚系とプロレタリア文学の現代——平成文学史序説」(『すばる』2017年2月)という論考を書きました。この論考は、副題に「平成文学史序説」とあるように、平野謙の『昭和文学史』を意識しながら書いたもので、論自体も平野の三派鼎立《ていりつ》論に言及するところから始まっています。

当時、文芸シーンがどこか閉鎖的に感じられたなかで、必ずしも現代文学に明るくない人に対する案内になるべく、２０１０年代の日本文学の見取り図を描くことが必要だと考えていたことを思い出します（同時期の似た試みとしては、「平成デモクラシー文学論」の副題を冠した、福嶋亮大《りょうた》『らせん状想像力』（新潮社）があります）。

と言いつつ一方で、現代という時代においてはそのような「文学史」的な記述を描くことが困難であることも自覚していたつもりなので、論考の冒頭のほうには「後世代から批判され、相対化される可能性もある」ものの「現時点での景色を記述することは重要だろう」という言い訳めいた表明もしています。いま「文学史」を構築するにあたっては、そのようなアイロニカルな態度が少なからず含まれるでしょう。

ちなみに、やや局所的な話になってしまいますが、現在「文学史」の必要性とその困難を強く意識しているのは、「文学史」の再興を企図する文芸同人誌『文学＋』ではないかと思います。『文学＋』主宰者のひとりである文学研究者の中沢忠之は、「文学ジャンル」の特徴として、「特定の価値に依存することなく、自己の根拠や評価の調達を反復的に行ってきた」点を確認し、「文学史」がはらむ「偏向性」と「教条性」の問題を見すえつつも、その「価値設定」という意義を指摘しています（「純文学再設定＋　脱（二十世紀日本）文学史試論　第二回」『文学＋02』２０２０年3月）。

また『文学＋』同人である大石將朝《まさとも》も、「歴史意識」「価値」という観点から「文学史」が不在であることの問題を指摘します。

「文学史」が忘却されたことの弊害は、まずは文芸批評において指摘しうる。文学への歴史意識を持った文芸批評家が不在となり、文学への歴史意識を欠いた批評家や書評家が文芸誌の書き手の中心となったことで、現代の文学作品はその価値が歴史的に判断されるのではなく、評者の一時的な価値観により判断される。それはアマゾンのカスタマーレビューとなにも変わらない。

（「[座談会レジュメ] 明治文学史の再構築に向けて」『文学＋02』）

「文学史」が抱える問題というものはあり続けるでしょう。かつてなされた「文学史」に対する批判を忘れるべきではありません。しかし同時に、文学をめぐる歴史への感覚それ自体を手放すことにも慎重にならなくてはいけません。本書は、ラディカルに「文学史」批判をしていればそれでよい、という立場は採りません。

歴史をアイロニカルに再導入する

これは教員的な発想なのかもしれませんが、ごく単純に、これから小説や文学を読もうとする人にとって案内になるような入門的な「文学史」は必要だと思います。とりわけ、１９７０年代から現代にいたるここ50年ほどを埋めるような「文学史」は書かれるべきでしょう。その意味で、中村光夫『日本の近代小説』『日本の現代小説』の現代版を試みた斎藤美奈子『日本の同時代小説』（岩波新書）は、重要な仕事だったと言えます。そのような一般読者や初学者のほうを向いた、言うなれば教育的な姿勢は忘れるべきではありません。

長い「文学」の歴史の延長で、どのような作家が／どのような問題意識のなかで／どのような作品を書いたのか。そのような「文学」をめぐる歴史＝物語を紡ぐことが、ごく一般的ないとなみとして必要です。１９９０年代の「文学史」批判も、そのようなごく一般的ないとなみがあったからこそ成立していたものでした。「文学史」批判をしようにも、その前提として「文学史」への共通の認識がなければ、議論はむしろ空中戦になってしまいます。

わたしはここで、「文学をめぐる議論を盛り上げよう」ということを主張したいわけではありません。あるいは、「文学シーンを盛り上げよう」という商売心とも少し違います（もちろん商売っ気もなくはないし、盛り上がればいいとは思いますが）。そうではなくて、もっと根本的に、文学をめぐる共通感覚を構築するべきだと考えている、ということです。

というのも、そのような共通感覚こそが、熱心な文学ファンと一般読者をつなぐものだからです。「文学」と「国語」との距離を縮め、「文学」を再設定することを目的とする本書からしたら、「文学史」の再興は重要な課題となります。

ちなみにこうした考えは、歴史学者の與那覇潤《よなはじゅん》が歴史学に対して抱いていた印象に近いと言えるかもしれません。與那覇は、「自身が興味を抱く過去の事実をただ発掘していれば十分で、その意味を関心の異なる他者に伝える工夫など必要ない」（傍点原文）という歴史学の「風潮」を批判しつつ、人文学の使命を「社会でともに暮らす他者との「共感の基盤」を養う」ことだと指摘しています（『歴史なき時代に』朝日新書）。つまり與那覇は、近年の歴史学について「専門家」が「関心の異なる他者」のほうを向かなくなっていることを批判しているのです。

　與那覇の考えにならえば、文学史はむしろ「関心の異なる他者」のためにあるべきでしょう。文学に関心がなかった人が文学に触れる最初の一歩として、文学史は一般に開かれているべきです。

　もっともその文学史は、通常考えられるような硬直的・教条的なものである必要はありません。従来のような「文学史」を描くことが困難になってしまった現在においては、各時代の「価値」に照らし返されるかたちで、不断に微修正が加えられ、更新されていくありかたが目指されるべきです。その意味で重要なのは、「文学史」そのものではなく「文学史」への意志とでも言うべきものなのかもしれません。

「初恋」について考えてみよう

　本章冒頭で述べたように、国語教育における「文学史」は、その暗記的な性格ゆえにあまり評判が良くありません。読んだこともない作品名や作家名の暗記を強いられるのは、当然のことながら苦痛なことでしょう。しかし、前後の経緯や流れをちゃんとふまえると、「文学史」的な内容も意外と面白いものだし、使い勝手も悪くありません。

中学校3年生の定番教材である島崎藤村の「初恋」という詩を取り上げてみましょう。『若菜集』に収録された「初恋」は、若い男女（おそらく中学3年生と同世代の15歳くらい）の恋愛を描いた日本におけるロマン詩の記念碑的な作品です。

まだあげ初めし前髪の
林檎のもとに見えしとき
前にさしたる花櫛の
花ある君と思いけり

やさしく白き手をのべて
林檎をわれにあたへしは
薄紅《うすくれない》の秋の実に
人こひ初めしはじめなり

わがこころなきためいきの
その髪の毛にかかるとき

たのしき恋の盃を
君が情《なさけ》に酌みしかな

林檎畑の木の下に
おのづからなる細道は
誰が踏みそめしかたみぞと
問ひたまふこそこひしけれ

私が確認した東京書籍の国語教科書においては、「初恋」は2時間を目安に終わらせるものになっていました。

指導書に示された授業内容は、まず「浪漫主義の詩人として出発し、自然主義文学へ移行した」という「文学史」的な作者の特徴を確認し、次に「日本的な雅文調で浪漫的な叙情を歌い上げた」とされる「初恋」という作品の特徴を指摘、その後「日本語のリズム」に意識を向けながら読む、といった流れです。

もちろん読むにあたっては、現代では使い慣れない用語の意味を確認し、どのような内容が描かれているか、ということを把握することが求められます。こうして、授業を通じておおまかに「初恋」に対する知識が獲得されることになります。ここまでで1コマといった感じです。

では、2コマめはどうするか。指導要領的には、内容が理解できたら今度は「初恋」を音読してみよう、ということになっています。しかも驚くことに、全員に対してひとりひとりひたすら音読をさせていくというのです。時間もかかるし聞いているほうも飽きるし、音読にあまり思い入れのない立場からすると、「こんなことやってられるか！」というのが正直な気持ちです。生徒の「主体的」（学習指導要領）な参加が求められる現在にあっては音読も重要視されるのかもしれませんが、個人的にはもう少し読解や解釈で引っ張りたいところです。ちなみに中学3年生の授業のさい、いちおう「ひとりひとり音読する？」と聞いてみましたが、生徒には「いや、遠慮しておきます」と言われてしまいました。

「初恋」における和歌的要素

さて、「初恋」において音読が重要視されるのは、「初恋」が「日本語のリズム」を備えているからですが、このとき言われる「日本語のリズム」というのは七五調のことを指しています。このように「初恋」は、和歌にも連なっていくような日本的な情緒を抱えた文語定型詩として教えられることが重視されます。「日本的な雅文調で浪漫的な叙情を歌い上げた」というのは、そういうことです。

この「日本的な雅文調」という指摘は間違ったものではないでしょう。実際「初恋」には、七五調以外にも和歌的な要素を指摘することができます。たとえば、第一連では「まだ」「前髪」(「ま」音)、「林檎」「見えし」(「り」「み」音＝イ段)、「前」「花櫛」(「ま」「は」音＝ア段)といったかたちで頭韻が意識されていますが、この頭韻の置きかたも和歌的な作りだと言えます。

さらに言うと、第一連三・四行目「前にさしたる花櫛の／花ある君」は、字義通り捉えると「髪に花櫛の花を付けた君だなあ」という客観的な描写でしかありませんが、ここでは、「君」に対して花のような美しさや華やかさのイメージが重ねられています。このように意味を重層化していく手つきも、和歌的な技法に他なりません。和歌の伝統をふまえていることを「日本的」と形容するならば、なるほど桂園派《けいえんは》に親しんでいた藤村の詩は「日本的」であると言えます。

したがって、国語教科書的な方向で行くならば、このような和歌的な雰囲気や日本的な情緒を味わうことが「初恋」という教材の中心に来ます。極端な話、詩の内容を把握しつつ「七五調になっているね、リズミカルだね」ということを確認すれば、2時間ほどの授業としてはとりあえずオーケーというところでしょう。もう少し気が利いた授業であれば、さらに頭韻のリズムや意味の重層性を強調して「初恋」の巧みさを指摘することになるかと思います。

このように「初恋」という詩は、国語の授業において文語定型詩であることが強調され、日本語表現における伝統との連続性が見出されることになります。

島崎藤村の葛藤

しかし、これだけではまだ物足りません。「初恋」に対して「日本的な雅文調で浪漫的な叙情を歌い上げた」と位置づけることは、「文学史」的には少し違和感があります。というのも、「初恋」が和歌的であることはたしかであるにしても、その和歌的要素は「文学史」的には、詩作の失敗ないしは限界と捉えられるからです。このことについてもう少し見てみましょう。

当時、ロマン主義の詩人として出発した藤村は、ロマン主義的な内容を描くとともに和歌的な雅語や七五調の定型からの脱却を目指してもいました。形式の拘束力というのは強いもので、この時代において詩作するにあたって雅語と七五調を排することは、現代では想像できないくらい困難なことだったでしょう。実際、藤村は当時のことを次のように振り返っています。

新しい詩といふものは、あの当時にあつては疑問とされてゐました。『万葉』の時代には、長歌といふものはあつても、結局、短い詩形が残つて、和歌なり俳句なりがずつと成長して来たといふのは、何かそこに動かしがたい言葉の約束とでもいふものがあるのだといふ考は、多くの人の頭を支配してゐましたから、日本の言葉で新しい詩が書けるか、といふことは当時にあつてはまだ疑問でした。

（『若菜集』の時代）

藤村が「新しい詩」のありかたを模索していたことをふまえるならば、「初恋」における文語定型詩をそのまま称揚することはできません。それは、藤村の言葉をめぐる格闘を見ないことになってしまいます。藤村の主要な関心はむしろ、従来的な和歌や漢詩のイメージからいかに脱却するか、ということでした。

文語定型詩であることに加え古典歌集の構成を借用する『若菜集』は、一方で和歌の世界から脱却しきれなかった作品とも位置づけられます（吉田精一「詩人藤村――「若菜集」の世界」）。同時代の文脈に照らし合わせるならば、「初恋」における和歌的な要素に対してはむしろ、藤村の表現上の葛藤を見るべきでしょう。

「初恋」に対して日本語表現の伝統との連続性のみ強調することは、「文学史」的な理解としては「初恋」の半面しか見ていないことになってしまいます。「初恋」を読むにあたっては、近代詩としての革新性のほうにも注目する必要があります。

革新的なロマン詩として

では、「初恋」の革新性とはどのようなものでしょうか。そのひとつは、もちろんロマン主義的な内容ということです。たとえば「初恋」のなかには、「おのずからなる細道」という一節が出てきますが、この一節からは人目を忍んで何度もデートをしていたふたりの様子を読み取ることができます（このことは指導書でも解説されています）。道がないような場所、すなわち人が来ないような場所で何度も会っているために「おのず」と道ができてしまった、ということです。

この道なき道を行くかのごとき自由な恋愛を謳い上げている点にこそ、「初恋」のロマンティシズムは見出されます。家どうしのつながりによる見合い結婚が主流にあった当時にあって、個人の自由な恋愛自体がどれだけ挑発的なものとして映ったものか。

「初恋」に対してはなにより、このような旧来的な道徳観を打破するようなふたりのありかたが強調されなくてはいけません。さらに言えば、「誰が踏みそめしかたみぞ」とわざと問うなど一貫して女性側が男性より優位に立っている点に、新しい時代の自由な女性像を見ることもできます。そこには、一種のカウンター精神を見出すことができるのです。

坪内逍遥『当世書生気質』には、「いつたんラアブしたのなら飽くまでラアブすればいいぢゃないか」という印象的なセリフが出てきますが、封建社会から脱却し個人の自由が謳われたとき、明治期の翻訳語である「恋愛 love」というものは新鮮な響きをもって受け止められました。「初恋」という詩は、そのような時代背景とともに読まれるべきものです。

ここまで述べてきたような文脈は教科書本体にはなかなか示されませんが、副教材である国語便覧ではちゃんと指摘されています。しかし、それこそ太字の暗記に終始してしまうと細かい経緯や前後関係まで捉えることはできません。

実際、「初恋」が国語教科書に導入されていく1970年代後半、「初恋」の挑発的な文脈は後景化されていく、という経緯があります。たとえば、1978年の『新版 中学国語3』(教育出版)の指導書には、「現代の退廃的な傾向にある恋愛観にあふれる中にあって、このような純愛的な主題を持つ詩に接することは意味あることである」といったことが述べられており、「現代」において目指すべき「純愛」のかたちとして「初恋」の意義が見出されています。

このような「初恋」にみずみずしい純愛を見出す態度は、現在にいたるまで根強く残っています。そして、そのおよそ道徳的な純愛イメージは、「初恋」に対して「日本的」(しかし「日本的」とはなんだろうか)な側面のみを強調し、ロマン主義的な革新性を後景化します。それは詩の読解としても文学史の理解としても、さらに言えば教室で受け取るメッセージとしても、凡庸で平板だと感じてしまいます。

だとすれば「初恋」という詩を読むにあたっては、むしろ「文学史」的な物語の力を借りたほうが良いでしょう。当時の旧来的な道徳観を打破するロマン主義の革新性を捉えたうえで、一見無害に見える「初恋」という詩の挑発的な要素を知ってもらうほうが、それなりに刺激的に映ると思います。同時代の文脈を無視した「純愛的な主題」なんていうのは、道徳にしたって物足りないところです。

イギリス詩からの影響

ここまで内容面の革新性について見てきましたが、形式面についてはどうでしょうか。すでに述べたように、「初恋」はたしかに七五調の文語定型詩であり、その意味では和歌的な伝統を引きずっているとも言えます。

ただ、これももはや当然のことすぎて気づきにくいかもしれませんが、七五調とか雅文とか言う手前の地点で「初恋」は形式的な新しさを備えています。

それは、4行×4連の構成になっているということです。この点に注目すると、「初恋」および明治期の定型詩のさらに面白い側面が見えてきます。ここは、英文学者の由良君美《ゆらきみよし》の名著『椿説泰西《ちんせつたいせい》浪曼派《ろまんは》文学談義』にならって、次のように言いたいと思います。――すこし「文学史」を面白いものにしてみよう。

当時、藤村が目指した「新しい詩」は新体詩と呼ばれるものです。西洋的な近代詩を目指した新体詩の運動は、「文学史」的には、1882年の外山正一・矢田部良吉・井上哲次郎による『新体詩抄』で幕を開け、森鷗外による訳詞集『於母影《おもかげ》』（1889年）によって本格化したとされます。その後に続くのが、北村透谷や島崎藤村など雑誌『文学界』に集ったロマン派の詩人たちです。

この時代に目標とされたことは、詩の形式的な側面を刷新することでした。具体的には、詩を行・

連に分けたかたちで構成することが目指されました。詩における連のことをヴァースとかスタンザとか言いますが、長歌のようにひと連なりで続いていくのではなく、平易な言葉を用いて複数のヴァースから構成し、そのうえで新しい時代にふさわしい内容を示すこと。そのような問題意識をふまえたとき、４行×４連という形式で若い男女の恋愛を描いた「初恋」は、やはり明治期の詩としてたいへんな成果と言えるのです。

藤村のマニフェスト的な言葉として「遂に、新しき詩歌の時は来りぬ。そはうつくしき曙のごとくなりき」（『藤村詩集』）というものがありますが、このとき藤村が「新しき詩歌」として意識していたのは、ウィリアム・ワーズワースやサミュエル・テイラー・コールリッジといったイギリスのロマン派詩人たちでした。

コールリッジの詩は、たとえば次のようなものです。「別離」（１８０５）という詩の最初のヴァースだけ見てみましょう。

A sword man whose trade is **blood**,
　In grief, in angerm, and in **fear**,
Thro' jungle, swamp, and torrent **flood**,
　I seek the wealth you hold so **dear** !

（太字は引用者。以下同様）

血に手を染める剣の道
嘆きつ、怒りつ、戦きつ、
森や、沼地や、早瀬を越えて、
この世の秘宝をぼくはたずねる。

（上島健吉編『コウルリッジ詩集』岩波文庫）

ポイントは、1行目・3行目の末尾が「blood」「flood」、2行目・4行目の末尾が「fear」「dear」といったかたちで、それぞれ規則的に脚韻が踏まれていることです。「別離」という詩は、このまま最後まで脚韻を揃えたかたちで最後の5ヴァース目まで進んでいきます。というか、英詩においては2行1セット、あるいは1ヴァース1セットのかたちで脚韻を踏んでいくという伝統があります。ウィリアム・シェイクスピアのソネットは、4行×3ヴァース＋2行の14行からなる形式ですが、そこでも2行1セットで脚韻を踏んでいくという形式が採用されています。

藤村の「初恋」はコールリッジやワーズワースほど徹底化されていませんが、それでも英詩的な押韻がかなり意識されています。とりわけ1ヴァース目では、1行目・3行目の末尾がともに「の」、2行目・4行目の末尾が「時」「けり」といった具合に母音を揃えています。「初恋」にかぎらず藤村の詩を注意深く読んでみると、彼がいかに英詩的な響きを日本語に反映させようとしているかわかります。

poem と song

もちろん、日本語による英詩的な脚韻の試みはそれ以前にもありました。『新体詩抄』には、矢田部良吉による「鎌倉の大仏に詣でて感あり」（１８８２年）という創作詩がありますが、こちらもやや不十分ながら、ヴァースからなる構成と脚韻を意識した作りになっています。冒頭だけ引用しておきます。

今をさることかぞふれば　六百年の其**むかし**
建長のころ鎌倉**に**　稲多野の局が建られ**し**
總青銅の大佛**は**　御身のたけは五丈にて
相好いとゞ圓満**し**　見者無厭の尊容**は**
何れの地にも此類**なし**　さるに明応四年と**や**
由井のつなみの難に**より**　大殿破壊の其後**は**
紫磨金仙も雨に濡れ　風に暴されたまふこと
殆ど此に四百年

さて、この「鎌倉の大仏に詣でて感あり」の前年、もっと洗練された押韻詩が作られています。それは、以下の詩です。

ほたるのひか**り**、まどの**ゆき**。
書よむつき**日**、**かさねつつ**。
いつしか年**も**、すぎのと**を**、
あけて**ぞ**　けさは、**わかれゆく**。

とまるもゆくも、かぎりとて、
かたみにおもう、ちよろずの、
こころのはしを、ひとことに、
さきくとばかり、うたうなり、

つくしのきわみ、みちのおく、
うみやま　とおく、へだつとも、
そのまごころは、へだてなく、
ひとつにつくせ、くにのため。

千島のおくも、おきなわも、
やしまのうちの、まもりなり。
いたらんくにに、いさお　しく。
つとめよ　わがせ、つつがなく。

もちろんこれは、「蛍の光」の歌詞ですね。文部省で制定された小学校唱歌である「蛍の光」は、スコットランド民謡に日本語の歌詞を付けたもので、作詞をしたのは国学者の稲垣千穎《ちかい》だと言われています。

そんな「蛍の光」の歌詞は、引用部を見ればわかるとおり、「初恋」と同じ4行×4ヴァースの見事な新体詩です（軍国主義的かつ植民地主義的な3・4ヴァース目は、戦後ほとんど歌われなくなりますが）。しかも、1ヴァース目の1・2行では「ひかり」「ゆき」「つき日」と脚韻を踏みながら「かさねつつ」と締める、3・4行目では「も」「を」「ぞ」（「ぞ」だけ位置がズレていますが）と脚韻を踏みながら「わかれゆく」と締める、その「かさねつつ」「わかれゆく」は5音とも母音が一致している、といったかたちでなかなか精巧なライミングをしています。ようするに唱歌もまた、従来の詩歌を改良するという点で、同時代の新体詩と歩みをともにしていたということです。

現在のわたしたちは忘れてしまいがちですが、もともと詩（poem）と歌（song）はけっこう近い位置にありました。このことは、ジャンル別にまとめられる「文学史」からは見えにくいところではあります。

実際、明治学院というミッション系の学校に通っていた島崎藤村にとって、自分の詩作に実質的な影響を与えていたのは讃美歌の訳詩でした。藤村の「逃げ水」という詩が１８８８年に改正された『新撰讃美歌』の第四番（植村正久訳）の影響を受けていることは、しばしば指摘されます。文学研究者の吉田精一も、明治20年代の状況について「後の詩人たちが、教会やミッションスクールから多く出たのは、讃美歌との関係の少なくなかったことを証する」と指摘しています（「明治大正訳詞集解説」『日本近代文学大系第60巻』角川書店）。

ポピュラーソングの系譜として

だとすれば、島崎藤村の「初恋」という詩は、日本で最初のラヴソングだと言えるかもしれません。

現在Eテレでは、『10min.ボックス現代文』という、現代文であつかうような文学作品について10分で解説する番組が放送されています。この番組に「初恋」が取り上げられたさい、冒頭では「初恋はくりかえし歌のテーマとなりさまざまなアーティストが切ない思いを歌に託してきました。今回紹介するのはそんな数ある初恋の詩の原点とも言える作品です」と紹介されていました。

番組を始めるにあたっての導入に過ぎないのかもしれませんが、これはけっこう的を射た解説です。村下孝蔵からa・iko、あるいは宇多田ヒカルにいたるまで「初恋／Fiest Love」を歌った曲は数ありますが、そんなポピュラーソングの系譜のなかに、藤村の「初恋」もまた位置づけることができるのです。

これは別に奇をてらった主張ではありません。実際、欧米のポピュラーソングにだって詩の伝統は深く流れています。ザ・ビートルズの「A Hard Days Night」（1962年）の歌詞だって、1・3行目が「night」のリフレイン、2・4行目が「dog」「log」、5・6行目が「to you」「you do」といったかたちでそれぞれ韻を踏み「alright」で締める、といったかたちでシンプルながらも2行を1セットにした丁寧なライミングをしていることがわかります。

このように欧米のポピュラーソングは、近代詩の伝統を汲んだものとしてあります。それは昨今のヒップホップやラップミュージックだって変わりません。というか、ラップミュージックこそ詩的なライミングの最先端です。日米のヒップホップについて積極的に発言をおこなうGenaktionは、著書『インディラップ・アーカイヴ』（DUブックス）において、ラップのリリックについて次のように解説しています。

英語のラップは基本的に「2小節（上の句／下の句1小節ずつ）」対となる押韻の反復から成り立っている。つまり2小節1組という制約の中で、いかにライムパターンや言葉の意味世界を工夫するかがアーティストに課されているというわけだ。

この説明は完全に近代の韻文詩の流れをふまえたものです。みなさんにとっては、明治期の新体詩も島崎藤村の詩もなじみがあるわけではないかもしれませんが、実際には韻文の水脈のようなものは流れ続けているのです。ましてや、ラップの影響を受けて韻を踏むことがかなり一般化した現在のポピュラーソングの世界には、むしろゆたかな近代詩の世界が広がっていると言えます。

たとえば、ケンドリック・ラマーなんてあきらかに伝統的な詩人に連なろうとしているし、テイラー・スウィフトもかなり凝ったライミングに挑戦しています。Ｊ-ＰＯＰの歌詞にしたって、ラップの影響を受けて脚韻を意識することはごく当たりまえになりました。

そんなことを考えると、島崎藤村の詩に対して「七五調になっているね。リズミカルだね」で終わらせてしまうのは、やはり物足りないと思ってしまいます。より「面白い」（由良君美）かたちでの「文学史」の提示に努めたいですね。

第6章 「文学」を再設定する

「国語」のナショナリスティックな側面

ここまでさまざまな角度から「文学」や「国語」について考えてきました。そのなかで本書に一貫している姿勢があるとすれば、それは「文学」や「国語」を通じた共同性を重視している、ということです。

もっともわたしのこの姿勢は、「国語」というものにまつわる歴史性をふまえたとき、国語教員として当然のものなのかもしれません。というのも、そもそも明治期における「国語」政策というのが、近代国家としての一体感や共同性を醸成させるためにおこなわれたものにほかならなかったからです。ベネディクト・アンダーソン『想像の共同体』で論じられているように、「国語」には、国家によって制定された標準語を教えることを通じて《国民》としての意識を醸成する、という側面があります。

社会言語学者のイ・ヨンスクは、中学校教科科目としての「国語」が、1894年（日清戦争開戦の年である）に「国語教育ハ愛国心ヲ成育スル」という文部省の教育方針のもと、それまでの漢文重視から標準語読解重視になっていくことをあきらかにしています。イによれば「これは日清戦争前後の国粋意識の高揚が、教育政策に反映したもの」ということであり、その後、1900年の小学校令改正によって「それまで読書・作文・習字の三つに分かれていた教科」は、「「国語科」の名のもとに統一され」ることになりました（イ・スンヨク『「国語」という思想』岩波現代文庫）。

このような起源を抱える「国語」にたずさわっている以上、自分が悪しき近代主義者・国家主義者であることを否定しきることはできません。実際、文部科学省による「【国語編】中学校学習指導要領（平成29年告示）解説」などを読むと、次のような文言に出くわすことになります。

国語を尊重してその能力の向上を図る態度を養うことを求めているのは、我が国の歴史の中で育まれてきた国語が、人間としての知的な活動や文化的な活動の中枢をなし、一人一人の自己形成、社会生活の向上、文化の創造と継承などに欠かせないからである。国語に対する自覚や関心を高め、話したり聞いたり書いたり読んだりすることが、生徒一人一人の言語能力を更に向上させていく。その中で、国語を愛護し、国語を尊重して、国語そのものを一層優れたものに向上させていこうとする意識や態度も育っていくのである。

人によれば「国語を愛護し、国語を尊重して」といった部分に危険なナショナリズムを感じ取るのではないかと思います。というのも、日本社会で「国語」の授業を受けるのは、べつに日本人だけではありません。さまざまな国籍の人がさまざまな事情のなかで、日本の教育を受けています。引用部の文言は、そのような事情を無視して愛国心を強いているような印象がないとは言えません。

実際、日本における「国語」の成立は、日清戦争後の台湾領有と同時期にあたります。日本は１

896年、植民地である台湾に国語学校、国語学校附属学校、国語伝習所をそれぞれ設置しています。ここで「国語」という名称が採用されているのは、それが「日本語教育ではなく、帝国臣民に施される「国語」教育だ、という位置づけ」だからです（安田敏朗『「国語」の近代史』中公新書）。

さらに言えば、戦前期における日本の標準語教育は、琉球国として文化を育んでいた沖縄にまでおよびました。とりわけ沖縄における方言取り締まりは激烈なもので、学校では「方言」を話した児童・生徒には「方言札」が首からかけられる、ということもおこなわれました。この「方言札」をかけられた者は、今度は自分以外の「方言」を話している者を探さなければなりません。強制性と相互監視性という点において、「方言札」はとんでもない代物です（方言札の実物は沖縄県平和祈念資料館に展示されているので、興味があればぜひ見てみてください）。

国語教員は「国語」にプリセットされているこのようなナショナリスティックな側面を忘れてはいけないでしょう。「国語」は植民地主義と分かちがたく結びついた概念にほかならないのです。ある時期の文芸批評がおこなっていたのは、そのような国家としての共同性や国民国家という「物語」を批判することでした。「国語」教育が植民地に対する同化政策まがいのものに陥って、特定の属性にある人を排除してしまうことは絶対に避けなければいけません。

国民国家批判を超えて

しかし、そのように考えるにもかかわらず、わたしが「国語」にたずさわっているのは、やはりそれなりに意義を感じているからでもあります。

卑近な話をすれば、あきらかに義務教育および中等教育の恩恵を受けている大学教員や評論家が、あたかも自分は教育制度の外部にいるかのごとく「国語」教育の批判をしていることに強い違和感を覚えた、ということもありました。そんな反発心も手伝って、教壇に立つときは「批判をするにせよ、少なくとも自分も一度は教育現場に身を置こう」と思ったことを覚えています。

自分の拠って立つ足もとを問い返すというのは、むしろ文芸批評に流れ続けているカント以来の批判精神のつもりです。その意味では、「国語」にたずさわりながら「国語」そのものについて問いなおす作業は、自分なりの批評の実践でもあります。

他方、国民国家批判に対するリアリティが自分のなかで少し薄れてしまったところもあります。ごく単純に言って、「国語」そのものを批判するのであれば、わたしたちはなにをコミュニケーションの基盤にすればいいのでしょうか。教育制度に対する批判はいくらでもありえますが、義務教育そのものを否定する人はなかなかいないし、自分もそのようには考えません。だとすれば「国語」も学校教育も、さしあたり改良主義的に粘り強くおこなっていくしかないでしょう。

もっとも現在でもなお、外国籍の生徒が少なからず含まれる教室のなかで、「国語」と称して日本語を教えていることに複雑な気持ちがないわけではありません。ルーツが日本ではないのに「国語」として日本語を教わるのは、彼／彼女にとって抑圧なのではないか。こうやって「国語」を教えること自体、かつての植民地でおこなわれた同化政策としての「国語」教育と同様の振る舞いなのではないか、と。

たとえば政治学者の姜尚中《かんさんじゅん》は、文学者の香山光郎《かやまみつろう》こと李光洙《イ・グァンス》について言及しつつ、「植民地下で、さらにポストコロニアルに日本で「国語の時間」を生きざるをえなかった「半島＝日本人」とその末裔にとって、日本語の自己同一化への無限運動としての「修行」がどれほどの内面性の破壊を伴っていたか」ということを指摘しています（『ナショナリズム』岩波書店）。姜の指摘をふまえるならば、「国語」の授業は、ある人にとっては「内面性の破壊」をともなっているのだ、ということになります。

とはいえ一方で、屈託なく授業を受けている生徒たちを見ていると、必ずしもそんなことないような側面も見えてきます。トラブルがないことはないにせよ、国籍が違っても人種が違っても、とくに問題なくコミュニケーションをしている場面は日常的に見かけます。ここには時代や世代の違いもあるのかもしれません。在日三世四世の時代になってくれば、自分の民族的ルーツに対する意識の向けかたも多様化している可能性があります。

そういえば、国語の非常勤講師が決まったとき、大学のサッカーチームで一緒だったエドウィンという在日アメリカ人の後輩に「国語教育では「国語」という言葉で日本語を教えるということが問題だとする議論があるんだけど、エドウィンはそういう違和感を抱いたことある？」とたずねたことがありました。これははっきりと覚えていますが、わたしは心のどこかで彼に「国語」を学ぶことの違和感や苦しみを語って欲しかったところがあったように思います。そんなわたしの様子を察知したからかわかりませんが、彼は恐縮しながら「そうなんですか。いや、僕はないっすね……」みたいなことを言っていた記憶があります。

国家語としての「国語」の機能

このような日常のなかで、良くも悪くも言語にまつわる歴史をキャンセルしたうえで、それぞれが自分を取り巻く言葉として、彼らは「国語」の授業を受けます。そうして学んだ日本語／標準語を駆使して、社会のなかでコミュニケーションを取ります。その話す／聞くという最初期のコミュニケーションの段階においては、お互いのルーツが表面化されることはあまりありません。

ここに国家語としての「国語」がもつナショナルな機能があります。哲学者の萱野《かやの》稔人《としひと》は『ナショナリズムは悪なのか』（ＮＨＫ出版新書）において、「言語的共通性」は「それ以外の多様な属性に開かれている」と指摘します。「言語的共通性と人種的同質性は他者への開放性という点で（…）両者は対立することすらありうるのだ」と。重要な指摘だと思います。

この「共通性」を制度的に担保するのが国家です。「国語」はそのかぎりにおいて、国家語としての側面をもちます。

だとすれば、暴力性を忌避するがあまり在日外国人を「国語」から遠ざける、という選択は、極端に言えば、その人を「人種的同質性」のなかに閉じ込めておく、ということにもなりえます。教員や日本人の側が、彼／彼女の民族意識を慮るかたちで、いたずらにコミュニケーションの切断を称揚するような振る舞いは、それがいかに誠実さに裏打ちされていたとしても、慎重にならなくてはいけないでしょう。

もちろん、いまわたしが述べているような論理こそ、かつての植民地主義をもたらしたものでもあるので、このような議論はどこまでも注意深くなる必要があります。いま自分で書いていても、日本によるかつてのアジア侵略の歴史を正当化しているような気分にならないでもありません。でも、だからこそ、理念のみで判断するのではなく、目のまえにいる具体的な相手とのやりとりを通じて考えていくしかありません。

中高教員として「国語」なんかに手を染めている以上、良くも悪くも国家主義的な発想のなかにいざるをえません。しかし一方で、だからこそ、「国語」の排除的でないありかたを粘り強く考えていくこともできます。良きにせよ悪しきにせよ制度を乗り越えるのは、そこに身を置く人の具体的ないとなみです。そこには目を向けていたいです。

目のまえの人の声を聞く

では、具体的ないとなみとはなんでしょうか。

それはなんてことはない、日常においてさまざまな属性にある人が交流をしている、ということです。まずはそのことをまっすぐに見ることが大事です。もちろん、見えにくい場所には人種や国籍を根拠にしたいじめや差別もあるかもしれません。そのことを見ないふりしようというのではありません。むしろいじめや差別をなくすためにも、目のまえで起こっていることをまっすぐに観察することが大事だ、ということです。

これはとても微妙なところですが、さきほども少し述べたように、わたしたちはしばしば、ある種の誠実さから、その人の属性による苦しみを必要以上に慮ることがあります。しかし厄介なことに、その誠実さはしばしば、目のまえにいる人の声をかえって遠ざけてしまうのです（そのあたりのことは、シリア生まれのアイを主人公にした西加奈子の長編小説『i』が見事に描いています）。

これは自分にも思いあたることです。さきほども述べたように、在日アメリカ人の後輩に「国語」についてたずねたとき、わたしはまこと勝手に「国語」のことで悩む彼の気持ちを先回りしてこしらえていたところがあります。しかし、よく考えてみれば、そのように考えること自体が彼の主体性を認めていない態度にほかなりません。

だとすれば、実際に学校で過ごしている彼／彼女に対して「きっと「国語」のことで悩んでいるのだろう」と思うことだって、同じように彼らの主体性を低く見積もった態度にほかなりません。

悩んでいる人もいれば悩んでいない人もいるでしょう。苦しんでいる人もいれば苦しんでいない人もいるでしょう。それは人それぞれです。かりに悩んでいたり苦しんでいたりしても、みんな自分なりにその悩みや苦しみに向き合っています。その意味で、彼／彼女はたくましく生きています。

そのような目のまえで起きていることを見ずに、本の知識でわかった気になって、先回りして彼／彼女の声を聞き取ってしまうことは、かえって彼／彼女の声を奪い取ることになるのではないでしょうか。だとすれば、あまりイデオロギーが先立たないほうがいいのではないでしょうか。

そんなことを考えつつ、同僚でもある林晟一《はやしせいいち》の著書『在日韓国人になる』（CCCメディアハウス）を読んでいたら、そこにとても興味深い内容が書かれていました。

というのも、在日コリアンとして日本で育った林は、子ども時代の自分のことを「日本人らしいことを疑わない、明るい同化主義者として育った」（傍点原文）と振り返っているのです。その背景には「民族意識に満ちみちていた」父への反発心もあった、とのことです。

この部分を読んだとき、ほかならぬ民族マイノリティの当事者が、皮肉とユーモアを交えているとはいえ、差別的だとすら感じられる「同化主義」という言葉を自分自身に適用していることに驚きました。そんな林は同書のなかで、「在日は歴史の子ではあるが、半分は現在《いま》の子なのである」という印象的な言葉を述べています。

ここだけ切り取ると、林が生まれ育った日本社会にすんなり馴染んでいくような印象も受けますが、『在日韓国人になる』に描かれていることは、その書名からもうかがえるようにそれほど単純なものではありません。強いて言えば、「歴史の子」として「同化」に反発する部分と「現在の子」として「同化」を許容する部分との深い葛藤と妥協、そしてそのすえの決断が、この本には描かれていると言えます。

だとすれば、「歴史」ばかりに目を奪われて「国語」批判をしているだけでも足りないかもしれません。もちろん「歴史」意識は重要です。いや、重要どころか必須です。しかし一方で、実際に学校に登校して授業を受けるのが「現在の子」であることもたしかです。したがって、在日三世としての林の歩みが示すように、「歴史」と「現在」とのあいだで葛藤し、妥協し、そのうえで「国語」教育を引き受けることも必要だと思います。このとき「歴史」は、異なる民族をつなぐものとして捉え返されうるでしょう。

自分にとって「国語」は、そのような感触とともにおこなわれているものです。そして「文学」もまた、そのような感触とともに読まれているものです。

文字によって私から離れる

ところで「同化主義者」時代の林が自らの民族的ルーツから逃れるための道具となったのは、ほかならぬ「国語」でした。
小・中学校の歴代担任教師――野村、中山、宮崎、中村の各先生――は偶然にもみな「国語《日本語》」が専門で、私は母語を磨くという逃避行におよんだ。「林くんは国語が得意ね」とのお褒めにあずかるたび、プライドがくすぐられたのである。

ここには、「国語」というか、言葉を読むこと／書くことそれ自体を考えるためのヒントがある気がします。というのも引用部の林は、日本語を読むこと／書くことを通じて、自分の家から逃げようとしています。

つまり、こういうことです。学校で言葉を学ぶことは家から離れることなのです。もっと言えば、私から離れるということなのです。

どういうことでしょうか。なぜ、言葉によって私は自分から切り離されるのでしょうか。このことについて考えてみたいと思います。

台湾で生まれ日本で育った小説家の温又柔《おんゆうじゅう》によるエッセイにも、言葉によって私から離れる瞬間が描かれています。温は、著書『「国語」から旅立って』（新曜社）において、小学生のとき「紙に鉛筆で文字を書」いたときの経験を次のように活写します。

　このときを境に、私の世界はがらっと変わりました。
　文字を教わるまでの私にとって、ことばといえば、声によって表現するものでした。けれどそれは、声に出した瞬間、流れ去って消えてゆくしかないものでした。ところが、あ、という字を書けば、ア、という音を紙の上に残すことができます。ことば以前のひとつの文字にすぎないけれど、それでもわたしは、ア、という自分の声が、あ、という文字として、目に見える形になるということに興奮をおぼえました。

引用部において注目すべきは、温が文字を用いることで初めて言葉を対象化しえている、ということです。

声にはまだまだ自分の身体の感触がこびりついています。それまで台湾語を話していた温にとって、日本語を声に出すことはまだまだ違和感のある経験だったでしょう。日本語が文字として紙の上に残せるようになったとき、温は初めて、私から離れて日本語の世界に入っていくのだと感じられるのです。

私の身体と結びついていた、それゆえに違和感のあった声が、紙のうえで文字となり、いったん私から離れて、その地点からまた切り返して、ふたたび《私》の言葉として獲得されていく——。幼いころの温におとずれたのは、そのような言葉の再獲得の経験だったのではないでしょうか。

公的領域における言葉

もう少し『「国語」から旅立って』を見たいと思います。次の場面はどうでしょう。文字を通じて日本語を再獲得するさいの活き活きとしたドキュメントのように思えます。

ひらがなという文字を覚えたばかりのわたしにとって、字を書くこと、とは、声を記すこと、そのものでした。書くとは、自分の声を、自分の字で射とめるという行為だったのです。そうやってできあがった自分の作文をK先生に読んでもらえることも、書くことは楽しいことだと私に思わせました。しかもK先生はかならず、赤いサインペンで感想を寄せてくれるのです。

ここでは、自分のものとして再獲得された「日本語」がK先生という他者に提出されています。自分にとって違和感のあった日本語はいったん書き言葉に変換されることによって、自信をもって他者に差し出され、共有されるものになるのです。

このように『「国語」から旅立って』は、おぼろげながら日本語を習得していた温が、書き言葉としてあらためて日本語を再獲得し、それを他者に差し出す、というところまで描かれています。このとき温は、書き言葉としての日本語の獲得を通じて、自らのルーツから離れつつ、と同時にある種のアイデンティティを獲得しています。

それは、台湾人としてのアイデンティティを捨てて日本人として生きる、ということとは少し違います。林晟一の場合もそれは同様です。

逆説的な言いかたになりますが、温や林は、私から離れることを通して《私》を獲得しているのです。強いて言えば、前者は私的領域における私であり、後者は公的領域における《私》と言えます。あるいは、前者は身体や属性がともなった私であり、後者は何者でもないフィクショナルな《私》と言えます。

公的領域という概念について論じたのは、哲学者のハンナ・アレントです。わたしがここで主張していることは、アレントの公共性をめぐる議論とは少し異なりますが、その共同性のありかたについては『人間の条件』における議論をイメージしているところがあります。アレントは、次のように述べています。

私たちは、ただ、私生活や親密さの中でしか経験できないようなある事柄について語ることがある。この種の事柄は、その内容がどれほど激しいものであろうと、語られるまでは、いかなるリアリティももたない。ところが、今それを口に出して語るたびに、私たちは、それをいわばリアリティを帯びる領域の中にもち出していることになる。いいかえると私たちが見るものを、やはり同じように見、私たちが聞くものを、やはり同じように聞く他人が存在するおかげで、私たちは世界と私たち自身のリアリティを確信することができるのである。

（『人間の条件』志水速雄訳、ちくま学芸文庫）

アレントによれば、公的領域の条件になるのは、「私たちが見るもの」を同じように見る他者、あるいは、「私たちが聞くもの」を同じように聞く他者の存在です。その意味で、温にとってのK先生や林にとっての「担任教師」は、日本語および《私》の再獲得にあたって重要な役割を果たしています。

ここでポイントとなるのは、アレントにおける公的領域においては人種や国籍といった属性が不問にされる、ということです。公的領域における《私》の言葉は平等な個人のものとして、属性にかかわらず承認されなくてはいけません。温や林の経験からうかがえるのは、彼らにとっては教育現場における「国語」こそ、そのような承認を担保するものだった、ということです。のちに「中国語圏から来日した子どもを対象とした「日本語講師」になった温は、「さまざまな境遇の彼らに共通しているのは、一日も早く日本語に慣れないことには日常生活を送るのもままならない、という点でした」と述べています。

温と林とではルーツも境遇も異なります。しかし強いて両者に共通点を見出すとすれば、それは、ふたりとも日本語以外の言語が身近だった、ということです。想像でしかありませんが、そのようなふたりにとって「国語」で日本語を学ぶことは、とりわけ私的領域から解放される経験だったのかもしれません。

《私》の言葉を再獲得する

とはいえ重要なことは、どのような人にとっても、言葉を読むこと／書くことは私的な領域から離れることとしてある、ということです。それは、日本語を話す日本人であっても同じです。すでに書き言葉を覚えてしまっただろうわたしたちはなかなか思い出すことができませんが、誰もが温のように、自分の言葉を文字というかたちで対象化して再獲得する、という経験をしているはずなのです。自分が発した声を書き言葉としてつかんでいくプロセスがあったはずなのです。文筆家・音楽家の大谷能生《よしお》が指摘するように、「家族との会話から離れ、幼児期に一五〇〇回も繰り返された「文字を読み書きできるように特訓する」という経験を抑圧し、変形し、忘却することで、ぼくたちは現在、文字を読んで、書いている」のです（『〈ツイッター〉にとって美とはなにか』フィルムアート社）。

たとえば、読み書きの最初期の課題として「せんせい、あのね」という書き出しで作文を書かせる、というものがあります。わたし自身は「おとうさん、あのね」だか「おかあさん、あのね」だかで習った記憶がありますが、ここまでの議論をふまえると、これはなかなか興味深い課題です。

大谷能生はこの課題について、別のところで次のように述べています。

学校における最初期の作文の授業では、例文として「せんせい、あのね。」といった書き出しが与えられていたことを覚えている。聞き手として仮設された「せんせい」に対して始められた語りは、しかし、文が綴られるに従ってその〈場面〉から離れ、「自身の経験」と「それを読み書きする自分」とのあいだに生まれるあらたな「表現」＝「書字行為」へと変換されてゆく。

（『歌というフィクション』月曜社）

文字を書きつけて自分の言葉を対象化するという行為は、いったん私から離れた書き言葉をあらためて《私》自身が読む、という経験にほかなりません。再獲得された《私》の言葉は、いかに個人的な内容であってもそのようなかたちで読者を想定しています。

だとすれば「せんせい、あのね」という私的領域の呼びかけを出発点に自分のことを書かせることの課題は、《私》の言葉を獲得するための最初期の段階として、私的な言葉を書き言葉として社会に開いていく試みだと言えるでしょう。私的領域から公的領域にいたるプロセスを意図的に設計している点で、個人的にはなかなかすぐれた課題だと思います。

このようにわたしたちは、「家族の会話から離れ」た地点から言葉を再獲得しています。その意味では、わたしたちが読み書きを学ぶにあたっては、誰もがほどほどに抑圧的でほどほどに解放的な経験をしているということになります（もっとも植民地下における言語政策は、言語の共通性をまるで無視した強制という点で許容できないものです）。

多くの人は忘れてしまっているかもしれませんが、わたしたちは、そのような抑圧／解放の経験を通じて、自分のことを自由に語ることができる《私》の言葉を、あらためてつかみなおしているのです。

重要なことは、どのような属性であろうが、どのようなルーツであろうが、何者でもない《私》

としての言葉を獲得することです。アレントが論じた公的領域とは、そのような言葉でもってコミュニケーションされる場所でした。だとすれば、温が示しているのは、「国語」や「文学」がまさにそのような場所として機能していた、ということです。

アレントは、「共通世界の条件のもとで、リアリティを保証するのは」、「立場の相違やそれに伴う多様な遠近法の相違にかかわらず、すべての人がいつも同一の対象に係わっているという事実である」と述べています。

属性の違いや立場の違いを超えて、誰もが同じものを読んでいるというリアリティを得ること。そのなかであたかも「同じような」体験をしているかのように共感をすること。それはまさに、本書が「文学」を論じるなかで示したものにほかなりません。

あらためて「文学」とはなにか

さて本書は、「文学」とはなにかと問うところから出発しました。その答えに向かって、ゆっくりと順を追って確認していきましょう。

本書において「文学」とは、まずは文字として書かれたものを指します。それは、作者がときには実体験を交えながら、ときには想像力を駆使しながら、書き言葉として書きつけられたものです。作者はそれを書いているとき、誰かに読まれることを想定しますが、その最初の相手は、書き手である自分自身です。そうしてそれは、文字で書かれた時点で、物質的なものとして、作者の身体から離れていきます。

それは「文学」として本や雑誌のかたちで読者のもとに届けられますが、多くの人にとっては「国語」の教科書を通じて出会うものでしょう。

「国語」の時間、わたしたちは作者の身体から離れた言葉たちを読み、少しずつその意味するところを理解していきます。そして、その言葉たちを抽象化し、構造として捉え、それがどのような「物語」であるかを把握します。同時に、「物語」の構成要素である作中人物たちの役割をそれぞれに位置づけていきます。このとき、作中人物たちへの感情移入が起こってくるでしょう。自分の経験と作中人物の経験とを、抽象的な構造のなかで入れ換え、共感さえするでしょう。

わたしたちは「国語」の授業を通じて、そのような作業をそれなりの回数おこなってきました。ましてや「文学」の愛好家であれば、もうそんなことは日常的におこなっているでしょう。しかし、そのプロセスはいかに困難でいかに得がたいものだったたか。

ひとりひとり異なる本を手にもって、ひとりひとり異なるインクのしみを眺めているわたしたちは、本当はそれぞれ別々のモノを読んでいるにもかかわらず、同じ「物語」を読んでいると信じています。それは、抽象的な水準において《同じものを読んでいる》という共同性を獲得している状態です。

この抽象的で入れ換え可能な水準においては、わたしたちは自らの属性が不問にされています。在日コリアンであっても、在日台湾人であっても、日本人であっても、どんな人種であっても、どんな性別であっても、わたしたちは、それぞれの私から離れた地点において、何者でもない者として、作中人物に共感したり、互いに作品の感想を述べ合ったりしています。そこで共有されるのは、ほかの人が同じ「物語」を読んでいるという感覚です。そこには、《同じものを読んでいる》ということのみに担保されたゆるやかな共同性があります。

それはゆるやかなものではありますが、属性と無関係に他者とコミュニケーションができる、という点において、公的領域と同じような機能を果たします。ここで重要なことは、その共同性は言語的な共通性に担保されている、ということです。

だとすれば、「文学」とは次のようなものだと言えるでしょう。

すなわち「文学」とは、文字を通じて再獲得された《私》たちが互いにコミュニケーションをする場所である、と。

どのような人であっても、「文学」を読んでいるときは、何者でもない者として「物語」に参加します。家族から離れ、私から離れ、自分ならざる言葉のなかに身を置いて、そうして《私》の言葉が再獲得される。それが、本書で言うところの「文学」の体験です。

そこでは、別々のモノを読んでいるという物質的な水準での切り離しと、「物語」という抽象的な水準での共同性が同時に抱えられていることが大事です。

ばらばらな個人であることを見すえながらも、属性から切り離された《私》として「文学」の共同性に参加し、同じ「物語」を共有すること。その「物語」を通じて他者とのやりとりがおこなわれること。「文学」を通じたコミュニケーションは、そのように始まるのでしょう。

ばらばらな《私》たちは「文学」を通じて再集合します。

あの小説のなかで集まろう。「文学」のいとなみが、いったん振りほどいた手をふたたびつなぎなおすためのものでありますように。

対談

滝口悠生×矢野利裕

国語が問うもの、文学が描くもの
――出題者と作者による国語入試対談

※入試問題には小説の全文が掲載されていましたが、本書では紙幅の都合上割愛しています。全文は、滝口悠生『たのしい保育園』（河出書房新社）をご参照ください。なお、対談中における試験問題の解答は市販の過去問題集に拠っています。

受験者に寄り添う問題

矢野　ぼくはもともと滝口さんの小説のファンで、とても好きな作品である『愛と人生』（講談社文庫）の巻末解説も書かせてもらいました。今回出題した「恐竜」に関しては、そもそもこの作品自体が『愛と人生』にも匹敵する傑作だと思ったというところがあります。

入試の問題を決めるさいには、まず出題担当が入試の問題文となる作品の候補を探してきて、それを教員間で相談して決定することになります。小説問題の担当だったぼくが入試問題候補の作品を探している時期、入試とは関係なく「あ、滝口さんの新作が載ってる」と『文藝』に掲載された「恐竜」を読んだら、これが素晴らしい小説で感動しました。「恐竜」は必ずしも入試と相性のいい小説とは思わなかったのですが、その感動のまま入試問題として提案して、入試問題に採用されることが決まりました。

問題を作ってみた感想は、「もし自分が滝口作品に対して書評や批評を書くとなったら、問題文にあるような論じ方とそのまま同じようには論じないだろうな」ということです。入試問題を作成しているときは、あきらかに入試問題という機能的な側面や入試という状況を念頭に置いた解釈を提示している。それは文芸誌で書評や批評を書くときの思考の働かせかたとは異なる。しかし、入試問題において提示した解釈と文芸誌で提示する解釈とがまったく乖離している、というのもヘンな話ではありません。両者を少しずつ近づけながら問題を作成して、最終的には「自分の解釈そのままではないがまったく別物ではないだろう」ぐらいな感じに収まっています。

ただこれはよく言われるように、実際の作者の方が入試問題を読んだときにはいろんな違和感があると思うので、今日はその率直な感想を聞いてみたいです。

滝口　今日あらためてちゃんと問題を解いてみたんですが、矢野さんのこの本［＊本書のこと］をゲラで先に読ませてもらって、問題を作る側の事情や心理みたいなものをおおむね理解したあとだったので、その実例を見せてもらって「なるほど」という感じがありました。作者として不服とか、これは違うと思うところはとりあえずなかったです。

一方で、こちらから聞いてみたいのは、まず入学試験の問題としてこの問題はどのくらい一般的なのか、あるいは特殊なのか、ということです。解くうえで読む文章の量がすごいですよね。これまでも何度か作品が試験に使われたことはあったんですが、一作丸ごと載ってるのは初めてです。もっと短いエッセイとかでも部分掲載でした。受験者はこれを読むだけで相当な負担だと思うんですが。

矢野　その点はけっこう特殊かもしれません。短編をそのまま載せる形式は、自分の学校以外ではほとんど見たことないですね。「恐竜」は25枚［＊1万字］くらいの作品ですね。

滝口　これにもうひとつ評論もあって、試験時間は60分でしょう。大変ですよね。

矢野　自分の学校の特徴として「国語の入試問題文が長い」というのはずっとあって、ある程度対策してくれている受験生にとっては承知のことだと思います。学校説明会とかでも「問題文が長い傾向があるので読むことに抵抗がないことが求められます」みたいな説明をしたり。

滝口　まず読む力を問う出題形式なわけですね。

自分の作品がどういう速さで読まれるかってあまり考えたことがなかったんですが、だいぶ大急ぎで読まれるんだな、ということは思ったかな。作品をただ読むだけならそんなに急いで読むことは望ましいとは思えないから、強いて言えばそこに抵抗がないことはないんですが、試験という特殊なシチュエーションですしね。そのことよりも、部分掲載でなくとにかく全文を読んでもらうというのは作者として嬉しさがあるかもしれません、意気に感じるというか。

そのうえで、問4や問7みたいに作品の内容をまとめなおしてくれてるところがあるじゃないですか。四角の中に囲まれた文章は本文とは別の、作品の解釈ですよね。問4の最後の一文には「この物語はむしろ、そんなわたしたちのありようを精確に反映しているとも言えるのです」とあって、試験の中で、出題者が解釈をしたうえでそれを受験者と共有しようとしている。この解釈はぼくとしても違和感のないものだったので、こういう見方を示してもらってるのは作者としてありがたいなと思いました。

【問4】　傍線④「そうなんですよね、とふいちゃんのお父さんは言った」とありますが、この物語に関する次の説明文の空欄a～dにそれぞれ該当する語を（イ）～（チ）の中から選び、符号で答えなさい。

ここまで読み進めて、「この物語、ちょっと読みにくいな……」と思った人がいるかもしれません。人間関係やストーリーがそれほど複雑というわけでもないのに、なぜそのように感じるのでしょうか。少し考えてみましょう。

この物語は、冒頭からももちゃんの父の［a］が語られるかたちで進んでいきます。しかし、ふいに挿《はさ》まれる「そうなんですよね、とふいちゃんのお父さんは言った」という一節は、ももちゃんの父がこのとき、実はふいちゃんの父と［b］をしていたことをあきらかにします。あるいは別の場面では、目のまえで起きたことを語っていたはずのももちゃんの父が、いつのまにかコロナ禍の三年間の経験について［c］を始めている、なんてこともあります。さらに、ももちゃんの父の［d］から見たもの・聞いたものが語られていると思いきや、それが唐突にふいちゃんの父のものに切り替わっている、ということもあります。このように、この物語に対しては、いつ／誰が／どのように語っているか、といったことが曖昧にされている、という特徴が指摘できます。この物語に読みにくさがあるとすれば、それは以上のような特徴に起因するものでしょう。

しかし、よく考えてみれば、わたしたちの日常生活において、急になにかを思い出したり、話しながら話題がどんどん逸《そ》れていったり、ということは頻繁に起こっています。だとすれば、この物語はむしろ、そんなわたしたちのありようを精確に反映しているとも言えるのです。

(イ) 回想　(ロ) 会話　(ハ) 視点　(ニ) 時間
(ホ) 創作　(ヘ) 対立　(ト) 多様　(チ) 内心

滝口　これは(チ)(ロ)(イ)(ハ)で合ってますか？　ここはそんなに難しくないですよね。問題としては。
矢野　合ってます！　ここは選択肢の語彙が理解できていれば、小説の内容をそれほど把握していなくても正解できるのではないかと思います。
この四角内の文章に対して「ありがたい」とおっしゃってくれたのはめちゃめちゃ嬉しいし、出題者としてはほっとするところがあります。こうやって出題者の解釈のようなものを前面に押し出すのも、自分が勤めている学校の特色かもしれません。ぼくが勤めるまえから「入試には出題者がこう読んだということを示さねばならない」みたいな思想が強くあります。

そのうえでこの設問は、そもそも本当に言葉が入ってこない人がいるかもしれない、ということを想定して作ったものです。ぼく自身、小説を読んでいて最初の何ページかまでどういう場面かわからない、ということはしばしばあります。ましてや受験生は時間に追われながら作品を読んでいます。だから、問1～3くらいまでの設問を通じて「どうやらお父さんと小さい娘が中心にいるらしいぞ。保育士も登場しているらしいぞ」という状況を説明しておきたいと思いました。そして、問4で「この小説には視点の揺れがあるっぽいぞ」ということも示しておきたかった。

滝口　なるほど。視点が変わるってことを問題を通して受験者に教えてあげるわけだ。空欄のある真ん中の段落の文章がそのサジェスチョンになってますね。

矢野　そうですね、設問を通じて読解をサポートする感じですね。この問題は「回想」や「視点」といった小説をめぐる初歩的なワードがわかっていれば、本文を読まなくたって正解が選べるかもしれない。だから、そういうかたちで「恐竜」という作品における視点の特徴を示したいと思いました。

「恐竜」は入試と相性がよくないかもしれないな、と思ったのは、このような「語り」の推移が起こっているからです。それは入試のセオリーとはすごくズレるんですよね。ただ数年前、教育系企業が主催した入試を分析・報告するセミナーにおいて、小説における視点の切り替えを読ませる問題が入試問題として評価されていた、ということがありました。滝口さんのような視点がシームレスに切り替わる小説も、その意味では入試問題として採用することのエクスキューズになるだろう、という打算も正直ありました。

滝口　対外的なことも意識するんですね。

矢野　入試といういとなみは、学校業務のなかでもとりわけ対外的な視点が問われるものです。少なくとも設問の妥当性はつねに問われる。塾業界や保護者からの注目も大きいですしね。その意味では、あらゆる疑問にしっかりと応答できるように、自分なりの説明体系を明確にしておく必要があります。とくに今回は、「この作品が好き!」ということが出発点になっているので、そこにしっかりと説明をつけなきゃいけない、という気持ちがありました。とはいえ、そういうことを考えるのは、小説と社会とを結ぶ回路を意識することなので悪いことではないと思っています。実際、受験生にこういう小説を読んで欲しいという気持ちがあるのはたしかですし。

ちなみに、問4の四角の文章は最初は真ん中の段落だけだったんですね。そのあと「もっと受験者の立場になったほうがいいだろう」という指摘をされて、最初の2行を加えることになりました。「ちょっと読みにくいな」という心の声も代弁するかたちで書いちゃう。そこまで踏み込んじゃう。さらに、視点が変わることの機能とか意義も示してあげた方がいいのではないかということで、最後の3行も加えることにしました。

でも、もしぼくが書評や批評を書くとしたら最後の3行は書かないと思います。たとえ書いたとしてもそれを結論にはしないでしょう。ここでは、ある現実があってその現実を小説が反映している、という小説観でもって作品解説がされていますが、実際にはそこにはもう少し複雑な回路が働いているでしょう。ましてや滝口さんの小説について考えるためには、もう少し言葉の運動性みたいなものに目を向ける必要があると思っています。そこは少し立場が分裂しているところですね。

滝口　批評としてだったらこの結論は弱いですしね。でも、不特定多数の受験生に示す作品の解釈としてはこのぐらいの方が作品との関係を結びやすいと思う。なかにはもっと込み入った理解をできる受験生もいるだろうけど、ただ読んだだけでは「意味わからんな」で終わってしまったかもしれない読み手をこの解釈が繋ぎ止めてくれるというか。作者自身は自作についてこういう素朴な説明をしにくかったりもするので、だからありがたいなと思うんですね。

この問4だけでなく、問1からずっと問題の難易度としてはそんなに易しくないと思うんですけど、問いを解くことでこの作品が読めていくような形になってて、その意味では優しいですよね。

作品が試験問題に使われるってのは、書き手側としたら単純に嫌だなって気持ちもあるんですよね、やっぱり。試験とかじゃなく、読みたいなと思ったひとに、ふつうに読んでほしいわけですから。でも、矢野さんの問題を解いてみると、出題者は敵じゃないというか、この出題者は受験者と一緒に作品を読もうとしてくれてるんだなと思いました。

矢野　ありがとうございます。著者と国語のテストは対立関係になりがちなのですが、国語側は敵対しているつもりはないはずなんです。そこはもう少し関係修復したいですね。もちろん著者が違和感を抱くのも理解できます。

滝口　作品の解釈は自由なんだけど、読解としての妥当性というのはある程度まであって、正解とか間違いというのはやっぱり起こりうる。だからそのレベルでは正解の読解をしたほうがいいわけですよね。問題を作るにしても、うまくそこを補助するようにしてくれればいいのにって思うんだけど、どうしても誤答を誘うような出題もあるわけで、そこに作者としての心理的抵抗は起こりますよね。ただ、みんなが同じ答えしかしないような問題だったら問題としての意味がないから、しょうがないのはわかるんですけどね。

矢野　出題側として選択肢を作るとき、問題作成者は小説内の表現を別の言葉に置き換えるという作業をするわけです。「傍線部はなにを示していますか？」みたいな。でも、そうやって小説の言葉を別の言葉に置き換えたときに感じるのは、「正解選択肢はいちおう同じ内容を示しているはずだけど、それでも圧倒的になにかが違う！」ということです。もちろん、消去法で選べるくらいの相対的な正解は存在しています。でも作者からしたら、そのような行為は小説を読むといういとなみとはまったく違うものだと思うだろうな、と想像します。

滝口　そんな目鯨立てるようなことではないと思うけど……というのはこの本を読んだから思うのかもですが。試験というシステム上、違う言葉に置き換えることが必要だっていうのはわかる。その誤差の多寡を見極める力を試しているわけですよね。

作者として嫌なのは、たぶん試験が作品との不幸な出会いの場になってしまうことなんですね。そういう経験があるわけではないんだけど、たとえばこれを解いて落ちちゃったら、この作品が苦い思い出となる可能性はあるわけですよね。

矢野　なるほど。言われてみれば、そりゃそうですよね。むしろそのことには思いいたらなかったです。「試験に落ちる」ということについてあまり考えられていなかったかも。

答え合わせ——国語入試は何を問うているのか

滝口　今日はせっかくなので全問見ながら答え合わせをしてみていいですか？　間違えてるかもなっていうところがあったりしたので。

【問1】　傍線①「今日は上々の部類」とありますが、どういうことですか。最も適当なものを次の中から選び、（イ）～（ホ）の符号で答えなさい。

（イ）冷静さを失って暴れまわっている娘だが、ほかの友達に危害を加えるほどではない、ということ。
（ロ）普段は内気な性格だと言われている娘が、今日は友達が遊んでいる輪に入っていった、ということ。
（ハ）今日の娘は、父親の言うことこそ無視するが、保育士の言うことには素直に従っている、ということ。
（ニ）娘はぐるぐるまわっているが、それでも普段に比べたら、今日の振る舞いはまだいいほうだ、ということ。

（ホ）いつも機嫌の悪い娘だが、今日は上等な海苔巻きを手にしているので、なかなか機嫌が良い、ということ。

滝口　これは（ハ）と（ニ）で迷いました。でも（ニ）だな。「今日の振る舞いはまだいいほうだ」というのはさきほど矢野さんが言った「どう言い換えるか」というところですよね。「ぐるぐるまわっている」は置き換えてないんですよね。

矢野　そうですね。この部分はそのままの表現にしています。「ぐるぐるまわっている」は言い換え不可能でした（笑）。

滝口　（ニ）の「今日の振る舞いはまだいいほうだ」が迷ったところですね。今日の振る舞いっていうのが、どこからどこまでを指し示すのか。「今日の振る舞い」がここで言うとぐるぐる回っている、遊んでいるでいいのか。それから普段に比べたときの今日の状態の良さがどことの対比で良いになるのか、みたいなところは気になる。

でも（ハ）にあるような明確に言うことを聞いて従ってる場面はないですよね。だから消去法。ただ、危ないからと止められつつもそのまま友達たちが遊んでる場に入って行くあたりは、言うことを聞いて従っている、とも読めてしまうから迷ったところ。

（…）娘は保育室にいたもうひとりの担任のみずきさんにぐるぐる遊びを危ないからと止められ

つつも、そのまま友達たちが遊んでいる輪に入っていき、ももちゃんじゃあね、と父親が声をかけてもう振り向かなかった。

矢野　なるほどなあ。受験の発想からすると、（ハ）の「こそ」とかに臭みを感じながら（ニ）を消去法で導き出す、みたいな感じだと思います。父親と保育士はそれほど対立的な構図で描かれていないだろう、と。ただ、このあたりをどう考えるか難しいところではあります。

というのも、小説においては多くの場合、書かれている言葉の背後を読み込もうとするわけですよね。国語のテストもそのコノテーションの部分を問うことが多いです。しかし、その背後はどこまで広がっているのか。どこまで読んでいいのか。あるいは、言葉の背後にはなにも広がっていないのか。この本の『こちらあみ子』について言及した部分で書いたことですが、言葉の記号作用をどこまで考えるか、というのは案外難しい問題です。（本書132頁参照）。

滝口　解釈の根拠っていうのは、厳密さを突き詰めれば、この本のなかにもある通り、小説に書かれていることはそれ以上でも以下でもないということですよね。でも、本当に書いてある通りのことだけを問題にしたら誰でも簡単に解けてしまう。

矢野　結局、入試問題で見られているのは、ある種の〝常識〟なのかもしれません。並んだ選択肢のうちどれがいちばん妥当性が高いかを判断する能力とも言えます。そこで問われる〝常識〟は小説固有のメカニズムとは異なるものでしょう。国語が文学の世界とすれ違いを起こしている一因は、そういうところにあると思います。でも、ぼくはその〝常識〟は意外と大事なものだと思っているんです。本が好きな人ほど忘れがちだけど、ぼくらの読書体験はやはりそこから始まったはずなので。

【問2】 傍線②「ここで怒ってさらに機嫌をこじらせたり泣き出したりしても事態は好転しない」とありますが、どういうことですか。最も適当なものを次の中から選び、(イ)〜(ホ)の符号で答えなさい。

(イ) 親の考えを一方的にぶつけてしまえば、ふいちゃんの気持ちが蔑《ないがし》ろにされてしまう、ということ。
(ロ) ふいちゃんの気分が害されてしまえば、保育園への引き渡しはますます難しくなる、ということ。
(ハ) ふいちゃんに不信感を持たれてしまうと、いっそう今後の子育てに苦労してしまう、ということ。
(ニ) ふいちゃんの機嫌が悪くなってしまったら、預かってくれる保育園に迷惑がかかる、ということ。
(ホ) 保育園に行くことを無理強いしてしまっては、結局ふいちゃんのためにはならない、ということ。

滝口 問2は(ロ)で合ってますか?
矢野 正解です!
滝口 他は簡単に消えるけど、(ロ)と(ニ)で悩みました。でも(ニ)は言いすぎかなというところで(ロ)です。「どういうことですか」だから、事態は好転しないの延長線上には(ニ)の「保育園に迷惑が」みたいな心理があると当然考えられるとも言える。けれどその手前に（ロ）の心理の方が先にあるだろうっていう比較で（ロ）になるということですよね。

ただ、小説を読むときの自由さは、（ロ）と（ニ）の両方とも言える態度だと思うんですよ。

矢野　そうかあ。ここでのポイントは、傍線部において「好転」に向かうべき「事態」の内実は「保育園への引き渡し」である、ということですね。したがって（ニ）は言いすぎで（ロ）が「最も適当」ということになる、というのが出題側の説明になります。

そう考えると、テスト問題においては「傍線が引かれている部分を他からいったん切り離したうえで、そこに限定されたものを正解として選ぶ」という手続きが基本モードとしてある気がします。でも、わたしたちの行為や気分はそんな明確に区切ることはできないわけで、とくに滝口さんの小説は、その場の気分やその人の記憶のつながりなどがゆるやかにつながって描かれることが多いですよね。だとすれば、この問題はたしかに（ロ）が正解ではあるけれど、この正解選択肢のパキッとした物言いに違和感が生じるのでしょう。

滝口　「最も適当な」というこの問題文の言い回しは、矢野さんのこの本をふまえると「常識に照らして、最も適当な選択肢はどれになるか」ということですよね。

矢野　そうですね。まずは本文との関係において「このあたりが正解だ」と判断できること。そうすると並立する選択肢が出てくるから、そこを問題文との関係において常識的なラインで切るっていう2段階の考え方ですね。

滝口　試験問題じゃなくて、個人がこの作品に相対して読んでたときには、その人の置かれてる状況とか属性とかで（二）の方を強く読んでしまうみたいなことはいくらでもあるわけです。読解としての妥当さではなく。なんならそういう誤読的なテキストとの関係の結ばれ方は、妥当な読みより強かったりする。それもまたひとりで読むしかない読書のおもしろいところで。

きっとそのへんですよね、試験問題に対して「うっ」てなる理由は。「ひとりで読む」という特質が奪われてしまう部分がある。ただ、だからこそ、この本の第4章はすごく合点がいきました。試験問題というのはそういうリスクをふまえたうえで、前を向いて考えられた仕組みで作られているんだっていう。その作品を損なうのではなく、むしろまず小説を読むコードみたいなものがあって、試験はそれをちゃんと使える能力があるかを問うている。そしてその問い方についてもよく考えられている。それを知っていれば、試験問題に対する安直な批判は論点がずれてることに気がつきますよね。

矢野　作成者からするととても励みになる言葉です。みんなで小説を共有するためのコードを問うている、という意味合いが強いんですよね。とはいえ、小説を書いたご本人は違うことを思っていることはあると思うので、その意味で今日はおっかなびっくりの感じではありました。やはり「正解」という言葉がよくないのかもしれません。

滝口　あと批評と違って、試験問題になることは出題者にとってほとんど必要性がないじゃないですか。矢野さんのようにまず作品を読んでくれていて、そこで生じたポジティヴな反応をもとに実際に問題を作ってくれたみたいな背景がこうして書き手に伝わることはすごく稀なことであって、大抵は勝手に問題にされて勝手に解かれて終わりなわけで。作られた問題を見ても、どうしてこの作品で問題作ったんだろう、みたいな気持ちに作者がなることもあると思う。その意味で、出題者の解釈が入るというのは、あるとないで全然違う。

それから、この本の第4章を読んで気づいたんですが、僕はここでいう小説を共有するためのコード、ある程度常識的な範囲で読まれるということも意識してというか、計算に入れて書いてますね。それもまた現実の一部だから、それを排除するのも違うというか、小説のなかの言葉は作中人たちの言葉なので、その人たちの持つ常識が反映されるはず。同じ理屈で、すごい紋切り型とか、ベタな言い回し、手垢のついた表現とかをあえて使うこともあります。時々そういう人はいるし、ベタな表現がグッとくるみたいな瞬間も確かにあるから。でも、そういうコードとか、常識的な読み方を壊す書き方をする人もいて、同時代だと山下澄人《すみと》さんなんかそうだと思うんですが、山下さんの小説で試験問題作るのはなかなか難しいんじゃないかなとか思いました。

矢野　たしかに山下さんの小説は難しい予感がしますね。センテンスのレベルで破格なことも多いですし。山下さんの小説はいろいろなことが未分化の状態をそのまま書いており、なんというか世界そのものに視線を向けているみたいです。子ども的というか。常識的なコードというのは、子どもから大人にあたって身につけるべきとされるものなので、そういう意味でも、常識的なコードを問う試験問題では山下さんの小説はなかなか扱いづらいかもしれませんね。

【問3】 傍線③「ただ気持ちいいだけじゃなく、ありがたい気持ちになるのだ」とありますが、なぜですか。最も適当なものを次の中から選び、(イ)～(ホ)の符号で答えなさい。

(イ)虫さされや気温の心配のない五月は、子どもを持つ親にとって実際に負担が軽くなる時期だから。
(ロ)自然とのふれあいを第一に思う父親は、五月を子どもが屋外で遊べる貴重な季節だと考えたから。
(ハ)五月生まれの子どもを持ったことにより、毎年屋外で誕生日のお祝いができるようになったから。
(ニ)五月の気候が他の季節に代えがたいように、子どもの存在をかけがえのないものだと感じたから。
(ホ)実際に子どもを育てる立場になったことで、ゆたかな自然に対して感謝できるようになったから。

矢野 問3の正解は(イ)です。ただ一見、(イ)は不正解っぽく見えます。というのも、入試のコードからすると「ありがたい気持ち」みたいな表現は、もっと形而上学的というか抽象的なものへの感謝を想像しがちです。でも、ここでは「虫さされや気温の心配がない」というわりと即物的な事象に対して「ありがたい」とされています。このあたりは滝口さん的なユーモアを感じる部分なのですが、ここでは引っかけ問題のようなつもりで問題にしました。受験的な発想のみでそれっぽい選択肢を選んで不正解にならないかな、と(笑)。

滝口　文言が卑近すぎるってことか。これ結構難しいというかひっかかりやすい？

矢野　実際の正解率は思ったより低くなかったですけどね。みんなよく読んでいました。

滝口　でも最初になんとなく消しちゃうと結構迷ったり時間を食ったりするのかもですね。これは迷わなかったな。このへんは著者は強いですね（笑）。

【問5】　傍線⑤「彼らの三年間の見えない苦労と努力がネガのように一瞬反転してその光景に現れた気がした」とありますが、どういうことですか。最も適当なものを次の中から選び、（イ）〜（ホ）の符号で答えなさい。

（イ）保育士がマスクを外す光景は、これまでマスクの着用を強いられてきた彼らの苦労が、一瞬のうちに努力の成果として認められたことを示すようであった、ということ。

（ロ）マスクを外した保育士の顔に、これまで表情を隠したまま子どもと接しなければならなかった彼らの困難と、そのなかでおこなってきた工夫を見出《みいだ》した、ということ。

（ハ）マスクを外した保育士の顔を見たとき、彼らが続けてきた苦労と努力が一瞬にして否定されてしまったように感じ、彼らの顔を見続けるのがつらかった、ということ。

（ニ）保育士がマスクを外すことには抵抗感もあったが、マスクを付けたときの彼らの試行錯誤を想像したら、抵抗感を覚えること自体が失礼だと気がついた、ということ。

（ホ）マスクを外した保育士の顔がいつも思い描いていた顔と違ったため、彼らに一瞬だけ否定的な感情を抱いたものの、そのような感情はすぐになくなった、ということ。

滝口　これは難しかった。（イ）か、（ロ）か。（イ）にしました。

矢野　おっと、これは（ロ）が正解です。

滝口　間違えた！　え、それはちょっと説明を聞きたいです。

矢野　（イ）は「一瞬のうちに努力の成果として認められた」が、いちおうバツの根拠になります。本文の「現れた／表れた」という表現とほぼ同じ意味内容の表現として、選択肢には「見出された」という言葉を使っています。傍線部から言えるのはそこまでで、「一瞬のうちに努力として認められた」という評価的な表現だと言い過ぎになる、というロジックですね。と、作者に解説するのもナンですが（笑）。

ちなみに、問5は「恐竜」のなかでぼくの好きな場面のひとつです。ぼくも教員としてコロナ禍で苦労と努力をした気持ちがあったから、そういう自分自身の思いと重ねながら読みました。コロナ禍の自粛期間のさい、大学や企業などはリモートワークに移行できたけど保育園や中学・高校、あるいは病院などでは簡単にリモートワークにできない部分もあって、みんなマスクを着用して感染を気にしながら、ギリギリのバランスで仕事をしていたと思います。その苦労は時間の蓄積としても存在しています。ももちゃんのお父さんは、自分は保育士ではないんだけど、当事者ではないなりにそのしんどさや、あるいはその中にもあったはずの喜びを心のどこかで想像していたはずです。そして、保育士さんがマスクを取った瞬間、その心のどこかにあった気持ちが一気にぶわっと込み上がって顕在化する。ここはそういう場面だと思うんですよね。最初読んだときに感動しました。（ロ）の文言はそれをもっと一般的な水準に馴染ませた感じになっていますが、出題者としては「この場面に心を動かされたことを伝えたい！」という気持ちを込めました。

滝口　なるほど、これは（ロ）だ。これはぼくは本文をちゃんと読んでなかったですね。著者ゆえに（笑）。今ちゃんと前後を読んだら、これは（ロ）の方が妥当だ。問題文と、この選択肢だけ読むと、この（ロ）の主体はお父さんで、（イ）はもうちょっと客観的な叙述に読めます。だけど本文のここの部分はももちゃんの父親が主体としてある文章なので、（ロ）ですね。

問題文のこの引用部だけを読んで「光景」と「顔」とを比べると、顔にそこまでいろいろ見て取るっていうのは言い過ぎではと思ったんだけど、傍線部の前の部分「ずっと隠れたままだった保育士さんたちの顔が露わになっているのを見たとき」その結果としてこの傍線部が起こってるわけだから、顔にこのぐらいいろんなものを見てとる主体になりうるのはももちゃんの父親だとわかりますね。

（…）ももちゃんの父親は方針変更の期日の朝、保育士さんたちが素顔で園内にいるのを見たとき、いたく感動してしまったのだった。マスク着用の科学的な是非は自分には判断できない。あとになって任意に切り替えたのは時期尚早だったとわかる可能性だってあるのかもしれないが、そのときの感動はそういう是非とは関係がない、とももちゃんの父親は言う。光差す朝の園内で、ずっと隠れたままだった保育士さんたちの顔が露わになっているのを見たとき（…）

矢野 どこまで文脈を読み込むべきか、というのは大きな問題ですね。「傍線部に◯◯とありますがどういうことですか」という設問に対して、傍線部以外の文脈をどこまで取っていいのか。これも正直、モードというかそのときどきの〝常識〟に依拠するところがありそうです。というのも、論理国語の導入以降なのか、最近の入試シーンにおいては「傍線部以外にその論拠を求めすぎないほうがいい」という潮流を少し感じています。

もしかしたら「文脈を読ませる」ことをめぐる認識が、ちょっと業界的に変わり始めているかもしれません。ただ、それを追求するとむしろ先鋭的になっていくんですよね。文脈を読んで常識的な範囲で「正解」を見出す、というのが、さしあたりぼくが前提としているオーソドックスな立場ですが、傍線部の文脈はあまり見すぎずに、〝この一文〟が何を示しているか、ということを問うべきという要請が若干あります。これは少し興味深い現象です。

滝口 この本で千葉雅也さんを例に出していたような、法令文とか、形式的な文章が持つアヴァンギャルドさみたいなことですね（145頁参照）。

矢野 そうですそうです。だから、いまの滝口さんの指摘はおもしろかったです。傍線部だけだとたしかに主体がわからないですね。

滝口　「現れた」だけだとわからないけど、「気がした」があるからその主体は誰かをちゃんと読み落とさなければいいわけですね。ここは著者ゆえの読みのずさんさがあった気がします（笑）。

あと、これはいわゆる「作者の意図」になっちゃうかもですが、（イ）を選んだのは傍線部の「ネガのように一瞬反転して」の部分に託したイメージが著者として強かったのかもですね。だから（イ）と（ロ）で迷ってから「一瞬のうちに」という説明がある（イ）を選んだ気がします。

【問6】　空欄a〜dに当てはまる語句を次の中から選び、（イ）〜（ニ）の符号で答えなさい。

［ a ］は隠れているものと現れているものとでは現れているものの方が強く、二年間思い描き続けたマスクの下の顔たちは、記憶のうえでもほんのひと月足らずであっさり［ b ］に書き換えられていき、［ c ］にも慣れつつあった。そして［ d ］は徐々に思い出せなくなった。誰のものだかよくわからない顔たちが、誰のものだかわからないまま思い出されなくなる。さようなら。

（イ）マスクの下にあるはずと思い込んでいた顔たち
（ロ）はじめは戸惑った誰彼の素顔

（ハ）目に見えるひとの顔
（ニ）マスクを外した顔

矢野　問6は（ハ）（ニ）（ロ）（イ）です。

滝口　合ってましたが、解きながら思ったのは、自分の文章は全然厳密にできてないというか、統語としてはだいぶいい加減だなということです。薄々自覚はあって、これまでも翻訳のことで問い合わせをされたときとかに同じことを感じました。だから、ぼくは作者なのでたぶん構文とかリズムのくせみたいなものがわかるからこの問題もそんなに迷わなかったんだけど、解く人によってはこれだいぶ難しいんじゃないかと。

aは（ハ）が入って「目に見えるひとの顔は隠れているものと現れているものとでは現れているものの方が強く」という文になるんだけど、空欄を埋めた主語部分の据わりが悪いというか、空欄部がなくてもいい……むしろない方が文章としてはすっきりしていいかもしれない。ぼくが言うのもなんですが。ここだけ見れば（イ）でも（ニ）でも入れられるかもしれません。dは（イ）しか入らなそうだから消えるとして、aとbを逆にしちゃっても、据わりはやや悪いけど意味的には通ってしまうかもしれない。ぼくとしては、問題部分の前の段落の文章で語られている保育士さんたちの素顔が現れたことについての感慨を、この「目に見えるひとの顔は」という重言的な言い方が引き受けつつ話題を次へ繋いでいる、という感じなんだけど、これが果たして解答の説明になるかというとちょっと自信がない。

厳密でないってことでいうと、接続詞とかもそうなんですよね。翻訳者から、逆接になっている箇所の意味がわからないと言われることが結構あって。逆接がどこにかかってどこにつながるかがわからないと言われる。言われると確かにそうで、逆接のあとに反対の事柄が何もなかったりする。ただ間違いというのとも違って、こちらとしては、一応説明はできるんだけど、文法的にどうなってるかという答え方がなかなかできない。口語的な、ニュアンスとニュアンスを重ねたような、本来そう繋ぐべきではないような繋ぎ方で繋いでいったり、文が途中で別の文に横滑りしていくようなところが、ぼくの書き方にあるんです。そもそも文法的に正しく書こうとも思っていないんだけど、一定の用法でやってるわけではないし、わざわざ変にしようと思っているわけでもないから、説明が難しい。

矢野　面白いですね。国語の問題で接続詞を空欄にするのは定番なのですが、小説で同じことをやろうとすると成立しない、というのはあるあるです。

滝口　喋るときの口語の自由さ、アバウトさ。それは翻って精密さだとも思うんですが、ぼくは割とそこを使うので、文法的に見た時にいろいろ変なところが出てくるんでしょうね。

矢野　これは実はぼくが作った問題ではないんです。ぼくも難しいと思った。というか、いまだによくわかっていないかも。でも、同僚の教員たちは「これこれこうだからここにはこっちが入るよね」みたいな話をしながらパッパと解いて、解説していました。ぼくには本当に難しい。こういうのは得意不得意がありそうです。

滝口　でもやっぱり難しいよこれは。消去法でも難しい。

矢野　これが一番難しいと思います。究極的には小説は書かれていることが真実なのだから、小説の本文を空欄にすることにはかなり慎重になるべきですね。

【問7】　傍線⑥「その日のふたりの話はやけに盛り上がって、あとから思い返すとちょっと過剰なほどに互いに共感を表明し、日頃の奮闘を称え合った」とありますが、これに関する次の説明文の空欄a～dにそれぞれ該当する語句を（イ）～（チ）の中から選び、符号で答えなさい。

> ももちゃんの父とふいちゃんの父は、この場面において、［a］を通して互いに共感を表明しています。そこにはもちろん、同じ道を辿ってきたという［b］もあったでしょう。他方、ももちゃんの父は、この過剰な共感について、子どもが生まれてからここまで［c］を控えていたことへの反動もあっただろう、と振り返っています。だとすれば、ももちゃんの父とふいちゃんの父におけるこのときの盛り上がりには、［d］に対する晴れやかな気持ちも混じっていたのかもしれません。

（イ）感染症対策が緩和されてきたこと　（ホ）子どもらが秘めている無限の可能性

（ロ）家族や保育園に対する愚痴や不満
（ハ）仕事以外の個人的な趣味や楽しみ
（ニ）はじめての子育てに関する苦労話
（ヘ）他者との気の置けない語らいや交流
（ト）家族にも話せないような悩みの相談
（チ）同じ年頃の子を持つ親同士の仲間意識

矢野　この問題は、ぼくの主観がいちばん入っている気がします。そういう意味では、少しだけチャレンジングな気持ちもありました。答えは（ニ）（チ）（ヘ）（イ）です。

滝口　合ってました。迷いはしなかったけれど、これは地道に全部読んでないとわかんなくなっちゃう問題ですよね。

矢野　ここでは「恐竜」という小説を感染症をめぐる問題とともに考えたんですよね。感染症の期間とはいったいどういうものだったのだろう、と。入試云々とは別に、やはりここはいい場面だなと思いました。

滝口　この作品を含む連作は、自分の子供とのかかわりや子供が毎日通っている保育園の様子とか、自分の経験をかなり反映しているんですが、矢野さんの『学校するからだ』（晶文社）から受け取ったものが実はかなり大きくて、「育児する身体」みたいな、矢野さんの本へのひとつの応答でもあるんです。保育士さんのコロナ禍の取り組みや苦労は実際間近で見ていて感じ入るところがたくさんあったけど、その想像力も矢野さんの本があって得られたところが大きい。保育園と中高の学校では違うところもあるけれども、自分が日々見て、すごいな、大変だなと思っていた光景に具体的な奥行きを与えてくれたんですよ、あの本は。

矢野　とても嬉しいです。ありがとうございます。最後の「感染症対策が緩和されてきたことに対する晴れやかな気持ちも混じっていたのかもしれません」――この1文は、もうかなりぼくの主観に寄ったものです。「かもしれません」とか言っているし。もちろん作中には、「感染症対策」によって「保護者間の交流」が「遠慮がち」になったことへの「反動」として「ふたりの雑談のなかの静かな高ぶり」というものがもたらされた、ということが書かれているので、そのことが把握できていれば、設問文の「だとすれば」という仮定条件から「感染症対策が緩和されてきたこと」という答えを導くことができます。だから、ここでは設問を通じて自分の解釈にグイグイと引っ張っているようなところがあります。それは、ぼくがこの部分に滝口さんの小説の本質のようなものを感じていたからでもあります。

滝口さんは、大きな事件や出来事を大上段に描くタイプではない印象があります。たとえば『ジミ・ヘンドリクス・エクスペリエンス』でも、東日本大震災の話はチラッと登場するに留まっています（『水平線』は少し肌合いが違うと感じましたが）。滝口さんの小説はどちらかといえば、「他人にわざわざ話すことでもないけど、しかし言われてみればそうだよね」といったくらいの事象が書かれていることが多くて、そこにユーモアが生じています。このような滝口さんの作風はしばしば「繊細さ」という言葉で評されますが、ぼくが抱いている滝口作品の感触とは少し違うような気がしていました。では、あの語りはどのように発生してるのだろうと考えたとき、なるほど「気軽な雑談」

だったんだ！　と思ったんですね。滝口さんの小説の言葉は、個人の繊細な視線ではなく他人との「気軽」なコミュニケーションから生成されているんだ！　と。

作中で書かれているような「気軽な雑談じゃないと話題に上がらない大事な話題」というのが、この世にはきっとさまざまにあるんですよ。わざわざ言葉にはしないけどたしかに存在していた思いとか気分とかが。わたしたちはおうおうにしてそういった思いや気分を素通りしてしまうけど、ときにそれが「気軽な雑談」にともなう気持ちの「高ぶり」とともに口をついて出てくる。どの主体にも還元されない場の「高ぶり」のようなものが、通常なら表面に出てこないような言葉を出現させる。滝口さんが目を向けていたのはそういう言葉なのだと思いました。「恐竜」を最初に読んだとき「これだこれだ、滝口さんの小説はこれなんだ！」と勝手に興奮し、そのまま設問化してしまいました。

滝口　繊細さを書こうとかっていう意識は確かにあんまりないかもですね。繊細さというと、ある人のプライヴェートでセンシティヴな部分であるとか、私小説的な告白性とかが小説で語られるようなニュアンスがあるかもだけど、そういうのを小説の内容にしようとは思わないんですよね。ただ、人を細やかに見ることは大切だと思っていて、たとえば人は口に出して言わないけど実はいっぱいいろんなことを思ってるよねとか、ついやってしまうけどやる理由は本当に取るに足らなすぎて言葉にできないこととかあるよねとか、人の生活や生きてる時間にはそういうことがいっぱいある。そういうことは言葉の上では捨象されてしまう。日記に書こうとしたりしてもなかなかそういうのは書かないし、書けない。説明する言葉がない。説明する相手もいない。

けど、それは大事……大事ってのも違うかもしれないんだけど、とにかくそういうことがないわけじゃない、ということへのこだわりがすごくあるんですよ。小説はそこを書けるんです。私的な日記にも書きにくいような行動や心理というのがあって、ぼくにとってそれは人を書くときにそこが書けたらすごく嬉しいところなんですね。難しいんですけど。そればっかりやってても変なナンセンスみたいなものになってしまうし。その小ささ、よくわからなさはよくわからないまま人間の何かひとつとして書けると面白いんじゃないかな。

矢野　なるほど、人間の「よくわからなさ」の部分ですね。面白いです。一貫してそうですか？

滝口　そうですね。それを中心に扱うわけじゃないですが、人を書くならそこも書けるといいなと思ってます。

矢野　とりわけ、ぼくがコロナ禍においてその「よくわからなさ」みたいな部分の喪失を寂しく感じていたのかもしれません。だからこそ、「恐竜」において感染症対策の緩和を重要なものとして見てしまっており、それで最後に感染症のことを書いちゃったんだろうな。

滝口　この4月になってマスクが外された感動は、ぼくの現実の実感ほぼそのままですね。だからdは悩むことはなかったですね。

矢野　「感染症対策が緩和されてきたことに対する晴れやかな気持ちを抱いていた」という明確な根拠は本文にはないんです。小説全体の気分としてはそういうふうに受け取れると思うんですけど、d

は根拠がないって言われてもおかしくないと思っていました。

保育士さんがマスクを外した場面とももちゃんと父とふいちゃんの父が話している場面は、ぼくの個人的な思い入れが反映している部分だから、「だとすれば」を入れてギリギリ試験問題のフォーマットとして成立させているものの、読解としては少し主観的かもしれないと感じていました。

滝口　導き出せるけど、ひとによっては回答としての納得感が薄いのかもしれないですね。

矢野　だから、このあたりがいちばん、滝口さんに「これは間違い」「そんなつもりはなかった」と言われるかなと思っていたところです。

滝口　なるほど、この四角でくくってる形式は、そこにひとりの読み手がいて、この作品を読んだ解釈をしているというレイヤーになってますよね。だから別の語り手が読んだものとして受け止められるから大丈夫じゃないですか。

矢野　そのことを寛大に許容してくれるのはありがたいですね。この出題形式はぼくが勤めるまえからおなじみになっているようです。さきほども言いましたが、勤務校には、ひとりの解釈者としてテストに出すのだから出題者の立場を示してその解釈の足跡を説明する必要がある、という信念のようなものがあります。ぼくが入職したときも、そのことをわりと強く言われた覚えがあります。

滝口　その手続きはすごい大事、真摯だと思います。この手続きを取らない問題の方に引っ掛かりが生まれやすいかもですね、作者としては。なにかその答えが絶対的なものであるかのように見えるから。その手続きがあれば、作者はもう口を出せないというか。受験者がそこをどういうふうに捉えるかはまた違うのかもしれないけど、この手続きはすごく大事でしょう。

矢野　あと、そもそも作品に対してメタ的な立場を取るという発想を把握できるか、という点も少し訓練が必要なことではあります。「このように書いてある」という位相と「この人はこのように読んだ」という位相を区別できるかどうか。四角で説明文を書く形式は、そのあたりも問うていると言えます。

滝口　でもこの四角の文章は書き手としては素朴に嬉しかったな。

【問8】　傍線⑦〜⑩は、それぞれ誰を指していますか。適当なものを次の中から選び、（イ）〜（ヘ）の符号で答えなさい。

（…）実はあれを言われた前日に神奈川の自分⑦の実家を家族で訪れ、そこで最近少し体調を崩していた自分の父に向かって妻が、長生きしてくださいね、と言ったその言葉を娘⑧は覚えていたんだと思う。ちゃんと意味がわかっているかは怪しいが、大事なひとをいたわるニュアンスはきっと感じ取っていて、それを父親である自分に向けてくれたのだと思う。それは結構忘れがたい瞬間だったから、いたずらな改変ではないにしろ、背景の事実を捨象して話してしまったことは、娘に対するちょっとした罪悪感を生じさせた。しかしその背景を話しはじめるなら、話は自分と父親⑨のあいだにかつてあった確執や幾度かの衝突と雪解けを経て現在の、良好とまではいかないがときどき孫の顔を見せに行ける程度の関係性に至った経緯を話す必要が生じるかもしれず、それは煩雑だった。
（…）ともあれ、このひと⑩はだいぶ子どもが好きで、いまも自分の子の預け入れは済んだのにここにとどまって一緒に路上に寝ている娘を見下ろしている。子どもだけでなく、保育園が好きなのかもしれない。

（イ）ももちゃん　（ロ）ももちゃんの父　（ハ）ももちゃんの祖父
（ニ）ふいちゃん　（ホ）ふいちゃんの父　（ヘ）ふいちゃんの祖父

滝口　問8は多分間違ってないはず。（ホ）（ニ）（ヘ）（ロ）。

矢野　合ってます！　ここは時間がかかるかもしれませんが、難しくはないですね。問4をふまえたうえで、「視点の移動をしっかり捉えていますか？」という問題。

【問9】傍線⑪「たしかに二億年前に地球上に現れてやがて絶滅した、なんてそんな話をどう説明したらいいのか本当のところはわからない」とありますが、どういうことですか。最も適当なものを次の中から選び、（イ）〜（ホ）の符号で答えなさい。

（イ）恐竜が絶滅したのはあまりにも昔の出来事であり、まだ二年しか生きていない娘にそのことを実感してもらう術はなかなか見つからない、ということ。
（ロ）絶滅したときの恐竜の気持ちを表現できない以上、恐竜はすでに絶滅してしまったという事実を娘に伝えても納得してもらえないだろう、ということ。
（ハ）恐竜が絶滅した理由についていちおう説明することはできるが、その説明は難しすぎて二歳の娘に理解できるものとはとうてい思えない、ということ。
（ニ）高い空を見上げながら恐竜の名前を唱え続けている娘を見ていたら、本当にこの広い宇宙のどこかの星に恐竜が住んでいる気がしてきた、ということ。
（ホ）恐竜はすでに絶滅したなんてどこかで聞きかじってきた説明は、いままさに恐竜の存在を感じている娘に対して説得力をもたないだろう、ということ。

滝口　問9も悩みましたね。

矢野　これもビクビクしてしまいますね。この部分がいちばん問題作成が難しいと思いました。ふいちゃんが何を考えているかを選択肢で代弁することなんてできないだろう、と。

滝口　（イ）と（ハ）と（ホ）でちょっと迷う。違うんだろうけど（ニ）でも別にいいじゃないか、とかも思う。最後は（イ）と（ホ）でどっちかなと考えて（ホ）にしました。どこかで聞きかじってきたという言い方が一般的な言い方だけど、ふいちゃんのお父さんが恐竜についてどのぐらい通じているかみたいなことっていうのは、根拠を探しづらいですよね。

矢野　(ホ)で正解です。「どこかで聞きかじった」は、それこそ〝常識〟に属する部分かもしれません。ポイントは、ふいちゃんの父がなぜ恐竜の絶滅について「どう説明したらいいのか本当のところはわからない」と感じているか、ということです。

本文には「恐竜がいないなんて嘘はあまりにその場しのぎの詭弁である、とふいちゃんは思っていた」という一文があるのですが、これも常識という尺度をつけると「2歳ぐらいのふいちゃんが「詭弁」という言葉は使わないだろう」と引っかかるポイントではあります。でも「別に普通である必要はない、ふいちゃんはそういう語彙の持ち主である」とまっすぐに捉えたっていいわけです。まずそれがひとつの考え方。もう、このように書いてある以上は本当にふいちゃんはやっぱそのように思ってたんだと、ちゃんとまっすぐに受け取るということ。

考え方としてはもうひとつありえて、それは、たとえふいちゃんが「詭弁」という言葉で考えていなかったとしても、やっぱり考えている。というか、ふいちゃんのそういう思い自体はたしかに存在している。恐竜だって、ふいちゃんがいると思っている以上、たしかに存在している。それはいわゆる認識の問題ともちょっと違って、ふいちゃんがいると感じているその〝感じ〟自体は存在してるのだから、もうそういう意味ではこの世界に恐竜が存在してるんだ。ぼく自身はそういう受け取り方をして、選択肢は「いままさに存在を感じている」という表現にしたんですが、この表現に決めるまでには自分のなかでいろいろと試行錯誤がありました。

滝口　書き手として説明しちゃうと、どこにもいないものなんてないという認識はしている。それは知っている。ふいちゃんの「いる・いない」は、大人のいるいないと全然違うので。「詭弁である」という言葉は、もちろんぼくは意図的に使ってるんだけど、このふいちゃんの認識や考えは、ふいちゃんのお父さんなり、ももちゃんのお父さんなり誰でもいいんだけど、誰かを経由した言葉としてここには書かれているんですね。

矢野　そうすると、語り手はお父さんの視点ということになるんですか？

滝口　ももちゃんのお父さんが大外にいて、その中にふいちゃんのお父さんの語りが入ってきて、ふいちゃんのお父さんによって、ふいちゃんの恐竜観が代弁されている、って感じかな。きれいな入れ子でなくて、ちょこちょこ出し入れもしてますけど。このへんはもうかなりふいちゃん自身がこう語り出してるような感じにはなっていますね。

矢野　従来的な語り論の発想からすると、ももちゃんのお父さんはふいちゃんの心の中がわからないはずだと考えます。だとすると、ももちゃんのお父さんがふいちゃんなりふいちゃんのお父さんなりの心の中を語っていることについては、どのように考えるべきですかね。

滝口　ふいちゃんのお父さんをあいだに嚙ますと、ふいちゃんのことも語れるようになるという理屈です。理屈にはなっていないか。でも、そのへんはちゃんとした手続きを踏まなくてもいいと思ってるんですよね。誰かと誰かが一緒にいれば、別に自分以外のことも語れてしまうぐらいに思ってる。もちろん、その内容が合っているかはまた別ですが。

矢野　面白いですね。かっちりとした入れ子構造で考えないほうがいいのか。実際に執筆していたときは、ももちゃんのお父さんが全体像を見ているみたいなぼんやりとした枠は維持されてたんですか？

滝口　そうですね、ずっといますね。ただ、かなり後退してるところもある。

ももちゃんのお父さんとふぃちゃんのお父さんが、そのうち飲みでも行きたいみたいなことを思ったけど、それはまだちょっと後のことだったみたいなことを書いてましたよね。

感染症の心配がもう少し薄れたらももちゃんのお父さんを一度飲みにでも誘いたい、とふぃちゃんのお父さんは思うが（…）それが実現したのはこの何年もあとのことだった。

ぼくの理屈では、ここで少し先の時間を提示することでこのお話の現場より先の時間を経由先になりうるようにしてるんですね。

こういう未来の時間を出しておくとふぃちゃんのことも、ももちゃんの父親は事後的に知りうる、知っていてもおかしくないことになるんです。もちろんあらゆることは可能なんだけど、時間を出したことによって可能性のありかみたいなものを置けるんです。とはいえ、齟齬を完璧になくすためでもないのですけど。

小説の場合は、常に先の時間が実は入っている。そもそもここに書かれていることはこの現場よりも、事後の時間であるわけだから、その事後がどこまで伸びるかっていうと、どこまでも伸びるんです。そうすれば事後になんでも知りうるのだから、誰のことも語りうるんですよね。一応そういう理屈はある。

矢野　なるほど。入試問題の話から離れていきますけど、作中で人称がいろいろ転じていくときに、それをもうひとつ上の審級から見たり語ったりしている人がいる、というイメージはどのくらいあるんですか?

滝口　上というか同じ場という感じかな。俯瞰的な語り手のイメージというよりは、ある場にある主体があって、その主体は文章上に現れたり現れなかったりするんだけど、いずれにせよその場から他者のことを見てその他者について語ろうとすると、そこには何かしらの人称が必要になるじゃないですか。人称を使うということは、語り手としての主体は持ちつつも、自分が代行的にその他者の主体に成り代わる、ふたつの主体にまたがるみたいなことでもあるわけです。成り代わることなんだから、そもそも人称を使って語ることは侵犯的で、あとは程度の問題じゃないかと考えると、やろうとすればどこまででもできちゃう。

それは一人称でも同じなんですよ。一人称でも三人称でも同じで、人称というのはほとんど他者。いや一人称は自分でしょ、って思うかもしれないけど、人称を使うってこと自体が、そもそも今語ろうとしている自分という主体とは別の時空にある主体に成り代わることで、言語によってその主体の行動なり認識なりを表すということだから。私っていう一人称を取ることも、彼・彼女という三人称を取ることも、そこでやってることはほとんど一緒です。二人称は少し違うと思うけれど。

矢野　この作品に限らず、滝口さんの小説の不思議な視点はどのようなメカニズムになっているのだろう、とよく思います。滝口さんの小説には、いわゆる三人称や一人称とは異なる感触がありますよね。ここの場面もあきらかに一人称とか三人称とかいった発想では捉えきれない。

滝口　ぼくからすると、書き言葉において一人称を自分とイコールで結ぶ認識が不思議なんですよね。考えれば考えるほどそんなはずないって気がしてくる。

矢野　語る私と語られる私の問題でもありますね。近代的な小説観からしたら、三人称は何でも知ってる神のような視点であり一人称は自分の知りうることしか知らない、とされがちです。ももちゃんの父親の視点で語ったのであれば基本的にはももちゃんの父親が知っている情報しか知らないわけだから、ふいちゃんの心の中は語れないよね、という疑問は最初に持ちうるものです。

だけど、実は時間がちょっと後に設定されてる部分があるから、この部分を根拠に「のちにそういう話を聞いたという可能性が担保されている」というのが、さきほどの滝口さんの答えでした。そうすると、この小説はこの出来事が起きている「何年もあと」に語られた物語である、ということになります。「何年もあと」の地点に、実はふいちゃんはあのときああだったんだよ、みたいなことを聞いた人がいて、その人が過去の出来事として語りなおしてる。そのように整理するのがオーソドックスな小説の論じ方ですよね。

でも「恐竜」（というか、滝口さんの小説はいつもそうですが）は、そのような整理にも収まりきりません。やはりちょっと違う感触がある。そのちょっと違う感触をどのように考えたらいいのか、というのは興味があります。

滝口　一人称を立てようが、三人称を立てようが、あんまり違いがないと思うんですね。一人称はその者の視点や内心のみを語りうる＝他者のことは語りえない、という制約が全然妥当じゃない気がするんですよね。

一人称でも、その人称の外まで語れる。だって誰かの内面を想像したりするじゃないですか、ふつうに。三人称が俯瞰的なだけでなく主観的な語り方もできるということも、それと同じことで、人称と語りの範囲ってそんなにがっちりしていないんじゃないかなと思います。

だから、こう言うと身も蓋《ふた》もないかもだけど、この場面はももちゃんのお父さんが保育園の前にいて、そこにふいちゃんがいて、ふいちゃんを見ながら、ふいちゃんの内面を勝手に想像して決めつけて語っているだけだとも言えるんですよね。だから書き方としては、ももちゃんのお父さんがふいちゃんの内面を想像している、という構造を意図的に捨象することで、まるでふいちゃんがそこでそう思っている、そう語っているかのように書いている、みたいな説明もできると思います。

でも、さっき矢野さんが気軽な雑談について話してくれたけど、人を見るとか人と話すとか人と関わるとかというのは、そういうふうに他人の内面を勝手に想像して決めつけることなのではないかとも思うんですよね。もちろんそこで倫理性みたいなものは問われるし、想像にとどめず言葉にしてしまうというのはかなり危ういことではあるんだけど、まずもってそうしてしまうし、そういうことなしには人と関われないし、何も想像せずに人のことを見たりすることってできないよねって思うんですよね。

矢野　なるほど。ぼくの感覚だと、なにかを語っている人というのは、統一的な主体というよりも、その場にいる人として場とともに、もっと言えば、その場の一部として語っている。滝口さんの小説はそのような場やコミュニケーションの感触を大事にしている、という印象があるけど、いまの話を聞くと、滝口さんはその感触を一人称の語りに戻している。だから語る主体が揺らいでくる。オーソドックスな近代文学の発想だと、ある意志を持った主体と別の意志を持った主体とがそれぞれ個別に関わっている、というふうに捉えることが多いです。そこには場の問題があまり入ってこないんですよね。国語は近代的な文学観に根差しているところがあるので、どうしても「この人の感情はいまどういう感じですか？　一方、こっちの人はどういう感情ですか？」という明確に自立した主体を想定した問い方になってしまいます。そうなると、その場所に存在するヴァイブスみたいなものを問うことができない。だからふいちゃん的なポジションがエラーを起こしてくるんですね。

滝口　ぼくもまだちょっと整理しきれてないんですけど、ぼくのさっきの説明だと今度は「語り手」という言葉が使いにくくなるんですよ。一人称であれ三人称であれ。三人称の場合は、三人称を呼び指す何者かがいるし、一人称の場合も私と別のところからその私を称している者がいることになる。だから「三人称の語り手」ってのは語義的におかしいと思うし、「一人称の語り手」も、便宜上使ってもそんなに齟齬はないんだけれど、でも個人的にはちょっとおかしいかもなって思ってるんですよね。そんな奴いないって思う。
だから、今のところその発生源として考えているのは、その語りの宛先です。何者かがその人称なりを用いて、何事かについて語ろうとしている。ここだったら何者かはももちゃんのお父さんという主体で、自称的な一人称ぽくもあるけど、文法的には三人称ですよね。ともかくそういう人称を立てておおむねこの話を語る主体として「ももちゃんのお父さん」がいるんだけれど、それがイコール語り手かというと、それよりは、そういう方法、ある出来事を語ったその宛先にいる何者かが、このテキストの何か発生の場みたいになりうるんじゃないかなと考えているんです。
矢野　「何者」という言い方をしていますが、それは人格のイメージなんですか?
滝口　人格でいいと思うんですよね。言葉を伝える先だから。ただどのくらい具体的かっていうのはその作品によってすごく曖昧な存在だったり、具体的な誰かだったりいろいろ違うと思う。想定されるだけの宛先もあれば、具体的な聞き手の場合もあると思う。
矢野　なるほど。めちゃめちゃ面白い小説論です。
滝口　そういえば、今は中1でちゃんと語り手についてやるんですね。この本でも触れられてますが「少年の日の思い出」(93頁参照)。全然知らなかったです。ぼくも習ったのかな。教えるのは難しくないですか?
矢野　最近の教科書には書いてあるんですよね。それなりに難しいとは思いますが、でもわりと理解してもらえると感じています。「昔々あるところに」と言っている人がいる、過去の出来事を振り返ったときになにを語るのか語らないのかという取捨選択が必ず起こるから、そこにその人の価値観が反映されるよね、ということは初歩的なものとしてよく話しますね。

滝口　人称がどうであれ、そういう認識がなくても読めてしまうものですよね、文章っていうのは。語り手というレイヤーの認識がないほうがむしろ読みやすいのかもしれません。

矢野　こういうのは文学研究から来ているのですが、とはいえ、こういった語り論は全然万能じゃないとずっと思っているんですよね。まさに滝口さんがおっしゃったことにも通ずると思いますが、どうしてもある視点から見たある遠近法の話でしかない。それで説明できるのはこれまで書かれてきた小説のほんの一部じゃないか、と。まあ、いわゆる近代文学のモードですよね。そして、国語で教える現代文は基本的には近代文学のことなので、そもそも枠組みがそうなってしまっています。

滝口　大学で授業を持ってて語りのこともやってるんですけど、なかなか通じるまで時間がかかるし、人称とか視点とかを説明してもごっちゃになっちゃうんですよね。人称と視点が一緒になってしまいがちです。人称の難しいところは、なまじ知ってると三人称は俯瞰で、と先入観が邪魔をしてしまう。どちらかというと視点をベースに考えたほうが語りを考えるときにはいいんだけど、人称が強いんだよね。

矢野　いまの小説家にはそのあたりを問いなおしてる人がたくさんいますよね。しかし、その微妙な部分が国語という枠ではなかなか扱えない。そもそも説明体系に乗せられない。実際、このふぃちゃんの言葉は誰の言葉なのか、ということは入試会議の場でも議論になりました。

滝口　逆にそういうややこしいことを嚙まないほうが素朴にそのまま読めたりもしますよね。書き手の態度としては乱暴かもしれないけど、語り手のことなんか知らなくても、そういうふうに語れるし、そういうふうに言葉って使える。そしてちゃんと意味も通る。誰が何をしてるっていう書き方は崩れない。だからやってよい。

矢野　小説を読むときに、むしろ文学理論的な常識がヘンに働いてしまうんでしょうね。

滝口　大学とかでも、理論的なことわかってない子のほうが、本当にそのまま読むから、面白い反応や感想が出てきたりもしますね。けれど大学とかの場で何か小説の創作論をするとしたらそのままでいいということでもないから、難しいですね。

【問10】　傍線部⑫「今日は一日ここでこうしている、ここで恐竜を見ている」とありますが、これに関する次の説明文の空欄a〜dにそれぞれ該当する語句を（イ）〜（チ）の中から選び、符号で答えなさい。

> 　ふいちゃんは空を見上げながら恐竜に長生きしてほしいと語りますが、この「長生きしてほしい」という言葉は、ふいちゃん一家が実家を訪ねたときに、ふいちゃんが耳にした「長生きしてね」という言葉から来ていると言えます。実家の父を訪ねるこの場面を振り返ったとき、ふいちゃんのこの言葉には［　a　］が含まれている、と考えることができるでしょう。さて、そんなふいちゃんからしたら、親たちによる恐竜はもういないという言葉は、いかにも［　b　］に思

えます。ましてや、恐竜たちが二歳組の部屋で遊んでいたなどというももちゃんのお父さんの言葉は、あまりにも見え透いた嘘だと感じられます。

大人というのは、子どもがおこなうことに対して、たとえそれが本人にとって切実なものであっても、［ c ］にしか捉えないようなところがあるかもしれません。でも、子どものほうは［ d ］を過ごしているはずなのです。このときのふいちゃんがそうであったように。

（イ）子どもなりの大切な時間　（ホ）自分を言いくるめようとするもの
（ロ）はてしない宇宙の広がり　（ヘ）この世界に生きているという実感
（ハ）才能豊かな子どもの発想　（ト）大事な存在をいたわるニュアンス
（ニ）単なる子どもの気まぐれ　（チ）たくさんの勉強によって得たもの

矢野　問10は（ト）（ホ）（ニ）（イ）です。この（ホ）は「詭弁」の辞書的な意味なんですよ。「自分を言いくるめる」。
滝口　その空欄がちょっと難しかったですね。
矢野　「詭弁」という言葉はなんとなく知っていても、その辞書的な意味まではなかなか説明できないですよね。そういう意味では、（ホ）を選ぶのは難しいだろうと思います。本文には直接的なかたちでのヒントはないですし。もし「「言いくるめる」なんて本文に書いてありましたっけ？」と聞かれたら、「これは「詭弁」の意味なんですよ」と答えるような作りですね。まあ、消去法でも解けるとは思いますが。

ちなみに、第一案の設問文には空欄aの前にある「実家の父を訪ねるこの場面を振り返ったとき」という部分は書いていませんでした。でも、それだと難しいから説明を足したという経緯があります。ちょっと親切にしたんですね。

滝口 でも、ふぃちゃんがそこまで汲んでいるんだろうかということは悩みました。

矢野 これも本文に直接的に書いているわけではないですよね。ただ、この小説では、前半部に「本当に」という言葉を感染症のようにお互い受け渡す、ということが書かれています。

こんな気持ちいい季節に毎年誕生日を祝えるなんて、本当に素晴らしいことだ。本当に、と内心で繰り返すこの、本当に、は娘が最近覚えた言い方で、本当にすごいよ、とか、本当に甘いよ、本当に眠いよ、とかいろんな言葉を強調しまくっている。ちょっとタメを利かせた芝居がかった言い方は、たぶん保育園で覚えたんだろう。昨日は公園でふぃちゃんが娘と同じ言い方で、本当に恐竜、と言っているのを聞いた。だから園で流行っているのかもしれない。(…)幼児が集まって日々を過ごす保育園ではウイルスだけでなく語彙や語法や発音も経路のわからないまま伝わっていく。言葉以外にも、ちょっとした仕草とか友達に対する立ち居振る舞いとか、あらゆるものが受け渡され、学ばれ、そして試行されている。

(傍点引用者、以下同様)

だから「長生きしてね」もそれと同様に受け渡された言葉だ、という読み筋が存在しています。

滝口　批評的な読み方が実は入ってるってことですね。あんまりその受け渡しは意識してなかったですね。自分ではこの問題の説明文を読んでも気づいていなかったくらいです。

矢野　そうでしたか。ここは意識しているのかなと思いました。他方「長生きしてね」が実家の父を訪ねたときの言葉である、ということは明確に書かれていますよね。そこに注目すると「長生きしてね」という言葉は、基本的には「いたわり」の言葉として機能していると言えます。実際ふいちゃんは、このとき「大事なひとをいたわるニュアンスはきっと感じ取っていて」と語られています。そのように考えると、ふいちゃん自身が「大事な存在であるというニュアンス」を込めている意識を明確には持っていなくとも、物語構造的にはやはり「いたわり」の言葉として機能している、と考えられます。そのくらいの微妙なバランスだから、設問文は「と考えることができるでしょう」と結んでいます。

滝口　最初にこの言葉が出てくるときはお父さんが言われたという場面しかないから、そこにどれだけいたわりの意味が込められているかはわからない気がしたんです。でも今見たら次のところにはちゃんと書いてありますね。

　ふいもこのあいだ夕方一緒に歩いてたら唐突に、お父さん長﹅生﹅き﹅し﹅て﹅ね﹅、って言い出して。どこまで意味がわかって言ってるのかわからないんですけど、そんな物言いいつ覚えたんだろうって思ったんです、と話すふいちゃんのお父さんのマスクがずれて、見慣れない口元が露わになった。

長生きしてね、という娘の言葉について、どこでそんな物言いを覚えたんだろう、とまるでよくある育児の話のように語ってしまったけれど、実はあれを言われた前日に神奈川の自分の実家を家族で訪れ、そこで最近少し体調を崩していた自分の父に向かって妻が、長生きしてくださいね、と言ったその言葉を娘は覚えていたんだと思う。

矢野　この「長生き」をふいちゃんがまた使うんですよね。

晴れた空に目を凝らせばそれが見えるかと思ったら、やっぱりちょっと見える。あ、プテラノドンも見えた。宇宙も、恐竜のいる星もずっと見ているとだんだん見えてくる。いるいる、ティラノサウルスもいるし、ブラキオサウルスも、ステゴサウルスもいる、本当にいる。本当に見える。恐竜に長生きしてほしい。

矢野　この場面を読んで「長生きしてね」が、キーワードだと思ったんですね。この作品には、いるのかいないのかわからない、どこかにいるかもしれない恐竜に対する「いたわり」が描かれている。そこはわりと意識的に書かれていると思っていたのですが、滝口さんとしてはどのような感じで書かれたんですか？

滝口　たぶんあんまり深く考えてない。そういう話が前に出てきたなと思って、ゲラで書きたしたりしたのかも。少なくとも、結末に向けて配置したわけではないですね。伏線のような感じでは考えてない。ふいちゃんが最近覚えた言葉っぽいから最後にも書いとくか、みたいな感じですね。

だから逆に矢野さんがおっしゃってたような読まれ方を意識したら変えてたかもしれないですね。言われてみるとやや作為的に思えてちょっと気になる。

矢野　たしかに、滝口さんにしてはやや伏線っぽいなとは感じました。ただ、ぼくはここがポイントとしてわかりやすくなってるのは、むしろけっこういいなと思いました。他方、滝口さんという作家のことを考えたとき、もしかしたら意識していないこともありうるなとも想像していました。単純にどっちだろうと気になったんですよね。ちなみに作為とまでは思わなかったですけどね。いい感じの言葉の響き合いというか。

滝口　それでもまぁいいかと思えるのは、ここはふいちゃんの声って感じがするじゃないですか。ここにはふいちゃんの恐竜に向けた気持ちみたいなニュアンスが入ってるんだけど、その前のところはお父さんとのやりとりで発したと回想されている言葉ですよね。このお話の中のふいちゃんが直接的にこの言葉をちゃんと発したのはここだけなので、いいかなと思えるんですね。もしこの前にも「長生き」って言葉をふいちゃんが発してる場面があったらやりすぎと思って最後は書かなかったかもしれない。

矢野　実際、滝口さんが「最後に書いとくか」というのと同じような軽やかさでふいちゃんも「長生きしてほしい」と言っているのかもしれません。その軽やかなノリに心動かされる感じはたしかにありましたね。

【問11】　傍線部⑬「さっさと保育室に向かって歩いていった」とありますが、これに関する次の説明文を読んで、（1）～（4）について適当なものをそれぞれ選び、記号で答えなさい。

この物語は、ふたりの子どもが保育室に入るまでを描いたものです。その意味では、ある一日の日常的な風景を切り取ったものだと言えます。しかし、その日常的な風景こそがゆたかな世界を彩っているのです。たとえば、ももちゃんは最近「本当に」という言葉をよく使います。そのときの「タメを利かせた芝居がかった言い方」は、ふいちゃんにも見られるものです。ももちゃんの父はこのとき、娘たちによる「本当に」という言い方のむこうに、

（1）
イ　あらゆるものをお互いに受け渡すような
ロ　お互いに励まし合って学んでいくような
ハ　流行りのものをお互いに見せ合うような
保育園内の交流を見ています。

あるいは、ふいちゃんの父は、娘が自分に向けた「長生きしてね」という言葉のむこうに、

(2)
- ニ　自分自身が父親に抱いていた気持ち
- ホ　父親が育児をする人に向けた気持ち
- ヘ　妻が自分の父親を思いやった気持ち

と同じものを見ます。

このときの娘の言葉はなにげないものかもしれませんが、ふいちゃんの父は、この言葉をかけられたときのことを「結構忘れがたい瞬間だった」と振り返っています。その背後には、自分の父親とのあいだにあった「確執や幾度かの衝突」、その後の「雪解け」といった経験も含まれているでしょう。

さて、道路に寝たまま動こうとしないふいちゃんは空のむこうになにを見ているのでしょうか。ふいちゃんは一見すると保育園に行きたくなくて駄々《だだ》をこねているようにも見えますが、その実、

(3)
- ト　大人に対して反抗する姿勢を示しているのです
- チ　空を見続ける理由をしっかり持っているのです
- リ　なにも考えず感情のままに行動しているのです

。

その後、遅番だった保育士のゆみさんに声をかけられると、ふいちゃんはすっと園内に入って行きます。こうしてこどもたちが保育園に引き渡されるまでの物語はあっさりと閉じられます。

この物語は、おそらく時間にしたら一〜二時間ほどのなにげない日常の一幕です。しかし、その言動のひとつひとつには、

（4）｛ヌ　子どもにしか解けない重大な謎が隠されています
ル　日常のなかに潜む幻想的な世界が描かれています
ヲ　さまざまな人の記憶や感情が折り重なっています｝。

新型コロナウイルスは人々のなにげない日常を奪ってしまいましたが、それは一方で、日常におけるかけがえのなさを気づかせるきっかけになりえるでしょう。この物語が新型コロナウイルス以降の時代を描いていると言えるのは　なによりこの物語が、なにげない日常のむこうにあるかけがえなさに目を向けているからにほかなりません。

滝口　最後の問題。1が（イ）、2が（ヘ）、3が（チ）、4が（ヲ）。3、4がちょっと迷いました。

矢野　合ってます。3の「理由をしっかりと持っている」はちょっと弱いかなと思いますが、ふいちゃんが空を見続ける「理由」をこちらがこしらえることはできませんでした。

滝口　「反抗する姿勢」でもいいかもしれないけど、説明文の流れ的にはこっちですかね。4は難しくはないけど（ヲ）しかないという選び方でした。「日常のなかに潜む幻想的な世界」は違う。最後まで読むと、そういう話ではないとわかるし。消去法ですね。「幻想的な世界が描かれています」でも別にいいかって思ったんですけど、説明文を最後まで読むと、据わりが悪くなりますね。あと（ヲ）の文章が、一番面白くないから選びたくなかった（笑）。

矢野　なるほど（笑）。「正解がいちばん面白くない」というのはクリティカルな言葉かも。

滝口　これで全部ですよね。

矢野　問5以外は全部正解でしたね。

滝口　合格ラインはどのくらいなんですか？

矢野　前半に評論の部分もあってその総計ですが、だいたい7割くらいですかね。年によっても違いますが。なので、じゅうぶん合格点です！

小説を読むための次のコードへ

矢野　試験を受けてみてどうでしたか？

滝口　そうですね、ぼく自身もそうだし、学生と話していても思うことなんですが、小説を読むことにとって、作品観あるいは作者観というものが国語の中で根深く養われてる感じは受けます。それはそういう必要があるのでいいんですけど、その揺るがしがたさを感じることがある。

たとえば、作品には主題的なものがあって、作者がそれをもとに構築・配置していくというような作品・作者観。それが実態と合ってない場合は多々あって、けれどもなんかそれが唯一のものであると思われがちというか。で、それが小説を読む経験を貧しくしてしまうケースがあるように思います。でもこれは堂々巡りでもあって、そういうものがないとそもそも読めないという話にもなるので。

最初に必要な読むためのコードの次に進むことの難しさですね。最初に身につけたコードがなかなか外せない。小説の読めなさの理由にはそこが大きくあると思います。
矢野さんの問題はそこをすごくアシストしてあげていいと思ったんですね。この小説は普通に読んだらなかなか読めないひとも多いと思うんです。読めないというのは、まともに取っ組み合えないってことですが、そこを伴走するというか、介助してくれている。読みを助けるような問題作り方になってますよね。これはありがたかったです。

矢野　こちらこそ、ありがとうございます。滝口さんがおっしゃってくれた「テスト問題とは読むことのアシストである」という捉え返しはとても良いですね。その点は、国語業界のほうももっと意識すると良いかもしれません。とはいえ、いま聞いていて思ったのは、国語においては「最初に身につけたコードをいかに外していくか」ということまで見すえる必要があるな、ということです。これについては、やはり近代的な作者観というものが大きい気がします。これは近代教育それ自体の問題でもあって、教育の現場では「あなたは何かを考えていて、あなたの中には何か言いたいことがあり、それを他者に伝えるんですよ」という主体の形成が念頭に置かれます。すなわち、近代社会に生きる市民としてのあり方が目指されるわけです。ぼく自身はそれを否定する立場ではありませんが、一方で国語で育まれる主題観や作者観というのが、そのような近代教育のうえに乗っかったものだろうとは思います。
その枠内からすると、「語り手と実体の作者は必ずしもイコールで結ばなくていい」というところまではテクスト論の立場から言えるけど、それでも「語り手がなにかしらの意志をもった主体として想定されている」ということ自体を相対化するのはなかなか難しいですね。評論にしても、意志を持った「筆者」という存在をどこか想定しなければならないようになっている。その「作者」なり「筆者」なり「語り手」なりの意志が「主題」と呼ばれるんですね。

滝口　ぼくが語り方や語り手にこだわるのも、矢野さんの問題意識と相似形のことをしているような気もするんです。

矢野　そうですね。話者と言葉の関係や意志的でない主体のありかたについては、小説について考えるさいの問題意識としてずっとあります。そのような問題意識を国語という枠内で抱き続けるのは正直いまのところ困難だと感じていますが、「テスト問題とは読むことのアシストである」という発想が広がってくれれば、もっと大胆に幅広い解釈に引っ張っていくことができるかもしれません。もっと国語と文芸批評とが手を取り合って欲しいと思っています。

（2025年1月、東京・某所にて）

滝口悠生（たきぐち・ゆうしょう）
小説家。1982年東京都生まれ。2011年「楽器」で新潮新人賞を受けデビュー。2015年『愛と人生』で野間文芸新人賞、2016年『死んでいない者』で芥川賞。2022年『水平線』で織田作之助賞、2023年同作で芸術選奨、「反対方向行き」で川端賞。著書に『寝相』『ジミ・ヘンドリクス・エクスペリエンス』『茄子の輝き』『高架線』『長い一日』『ラーメンカレー』『さびしさについて』（植本一子との共著）など。

あとがき

わたしが大学に通っていたとき、国語の教員免許を取得するための必修科目に「国語教育史」というものがありました。そこでは、「国語」と称して日本語を教えることがいかに暴力的であるか、ということを学びました。

国語教育について勉強をしていると、どこかで必ず「国語」の暴力性について考えざるをえない機会がおとずれます。だから国語の教員免許をもっている人は、少なからずその暴力性を自覚し、ある種の葛藤を抱いているはずです。文芸批評や文学研究に親しんでいると、その思いはさらに強まるでしょう。わたしなども「国語」を教えるにあたり、その加害的な感触に思いきり食らってしまったクチです。

そんなぐずぐずと煮え切らない国語教員の背中を押してくれたのは、温又柔の『真ん中の子どもたち』（集英社）という小説でした。この作品は、日本人の父親と台湾人の母親をもつ琴子の上海留学を描いた物語で、日本語・台湾語・中国語のあいだでもがきながら自らの生きかたについて考える琴子の姿が印象的な青春小説です。

感銘を受けたのは、上海留学を経た琴子が大学院で「社会言語学」を学び、そのうえで「中国語の教師」の道を選んだ、という部分に対してです。ラストのこの展開を読みながら、言語を教えることの暴力性を人一倍感じながら、それでもなお、いやだからこそ自分が中国語を教えよう、と決意する琴子の姿勢に過剰に感情移入をしてしまいました。

そんな琴子は、作中において「わたしが教えたいのは、きちんと通じるための発音なの」と言っていました。言葉とアイデンティティをめぐって悩み、葛藤したすえに、このようなすこやかとも言える言葉との付き合いかたを見せる琴子にとても勇気づけられた覚えがあります。

言葉は出身地やルーツと切り離せないものに違いないわけですが、しかし、それはそれ、として、琴子は次のように言います。すなわち、「――根っこばかり凝視して、幹や枝や葉っぱのすばらしさを見逃すなんてもったいない」と。琴子のような言葉との向き合いかたこそが、民族や国境や歴史を超えて、ゆるやかな共同性を形成するヒントになると思いました。

日本人であり日本語話者である「国語」の教員にとって、それは体のいい自己正当化である可能性もありますが、さしあたりいまのところは、その暴力性を含みこんだうえで、みんなで軽やかに日本語と付き合っていきたいと思っています。

さて『真ん中の子どもたち』は芥川賞候補作になりましたが、「文学」の世界からこのような作品が出てきたことは、個人的には嬉しい出来事でした。「文学」に描かれる学校や教育の世界はどうもおおざっぱなものになりがちなので。

もちろんなかには例外もあって、西加奈子『円卓』（文春文庫）や青木淳悟『私のいない高校』（講談社）、『学校の近くの家』（新潮社）といった作品は、学校という場所のみずみずしさやばかばかしさをそれぞれのしかたで捉えていて、いずれも素晴らしい作品だと思っています。これらの作品もまた、教員としての自分をエンパワメントするものでした。

そんななか、滝口悠生の「恐竜」（『文藝』２０２３年秋号）という短編小説を読んだら、保育園の様子がこのうえなく活き活きと描かれていてとても感動し、その感動のままに「恐竜」を入試問題として使用することを決めました。もっとも、入試問題にするには難しそうな作品だということはうすうす感じていたのですが……。

ということで、苦労と苦悩を重ねながら「恐竜」を入試問題として出題することができました。これについて当の作者がどのように感じたか、ということについては、ぜひ本書で確かめてみてください。

いずれにせよ、実作者の登場によってこの本はいっそうユニークなものになったし、滝口さんとの議論は国語教員としても批評家としてもおおいに啓発されるものでした。こんな一方的なお願いを快く引き受けてくれた滝口悠生さんに心より感謝いたします。ありがとうございました。

その他、さまざまな力添えによって本書は完成にいたりました。以下、簡単ながら謝意を示したいと思います。

まずは、わたしのわかりにくい問題意識を細やかに把握してくれた担当編集者の沼倉康介さん、ありがとうございました。加えて、ポップな装丁に仕上げてくれたデザイナーの加藤賢策さん、イラストレーターのZUCKさん、ありがとうございました。そして、愛すべきすこやかさをもったかつてのスポーツ科クラスの生徒たちにスペシャル・サンクスを。

矢野利裕

2025年2月

参考文献

はじめに

福田和也『作家の値うち』（飛鳥新社、2000年4月）
J－P・サルトル、加藤周一・海老坂武・白井健三郎訳『文学とは何か』（人文書院、1998年7月）

第1章

齋藤孝「教育は「文化遺産」の継承」（『文學界』2019年9月号）
磯崎憲一郎・中島岳志「「与格」がもたらした小説」（『群像』2017年11月号）
紅野謙介『国語教育の危機――大学入学共通テストと新学習指導要領』（ちくま新書、2018年9月）
紅野謙介『国語教育――混迷する改革』（ちくま新書、2020年1月）
「作家・阿刀田高の苦言　高校国語から文学の灯が消える」（『文藝春秋』2019年1月）
伊藤氏貴「変わる高校国語、なくなる文学――内田樹、小川洋子、茂木健一郎に訊く」『すばる』（2019年7月号）
田畑千博・樋口智則・八木澤宗弘「現役高校教師座談会　「文学」で「論理」は十分学べる」（『文學界』2019年9月）
「[アンケート]現行の「国語」教科書をどう思うか?」（『文學界』2002年5月号）
小谷野敦「恋愛と論理なき国語教育」（『文學界』2002年5月号）
石原千秋『国語教科書の思想』（ちくま新書、2005年10月）
石原千秋「文芸時評 10月号」『読売新聞』（2018年9月30日）
新井紀子「文化繚乱時代　SNSがもたらした曖昧な不安」（『朝日新聞』2019年7月）
紅野謙介「教科書の読めない学者たち」（『文學界』2019年9月号）
松岡亮二『教育格差――階層・地域・学歴』（ちくま新書、2019年7月）
鹿島茂「なぜ中高の教科書は「最高の教材」なのか　家庭の〝文化資本〟の差を埋められる」（『PRESIDENT』2019年6月3日号）
大塚英志『文学国語入門』（星海社新書、2020年10月）

第2章

小森陽一『構造としての語り』（新曜社、1988年4月）

蓮實重彦『小説から遠く離れて』（日本文芸社、1989年4月）
蓮實重彦『夏目漱石論』（講談社文芸文庫、2012年9月）
小森陽一『小森陽一、ニホン語に出会う』（大修館書店、2000年4月）
千葉俊二・坪内祐三編『日本近代文学評論選【昭和篇】』（岩波文庫、2004年3月）
絓秀実『日本近代文学の〈誕生〉』（太田出版、1995年4月）
渡部直己『不敬文学論序説』（ちくま学芸文庫、2006年2月）
柄谷行人『終焉をめぐって』（講談社学術文庫、1995年6月）
クロード・レヴィ＝ストロース、大橋保夫訳『野生の思考』（みすず書房、1976年3月）
東浩紀「批評という病」（『ゲンロン4』2016年11月）
東浩紀『訂正可能性の哲学』（ゲンロン、2023年8月）

第3章

杉田俊介『宇多田ヒカル論――世界の無限と交わる歌』（毎日新聞社、2017年1月）
千葉雅也『ツイッター哲学――別のしかたで』（河出文庫、2020年11月）
石原千秋『国語教科書の思想』（ちくま新書、2005年10月）
石原千秋・木股知史・小森陽一・島村輝・高橋修・高橋世織『読むための理論――文学・思想・批評』（世織書房、1991年6月）
田中実・須貝千里編『文学の力×教材の力　中学校編1年』（教育出版、2001年6月）
國分功一郎『中動態の世界――意志と責任の考古学』（医学書院、2017年3月）
國分功一郎・熊谷晋一郎『〈責任〉の生成――中動態と当事者研究』（新曜社、2020年12月）
本田由紀「毀れた循環――戦後日本型モデルへの弔辞」（『思想地図 vol.2』NHK出版、2008年12月）
阿部真大『ハタチの原点――仕事、恋愛、家族のこれから』（筑摩書房、2009年9月）
雨宮処凛『ロスジェネはこう生きてきた』（平凡社新書、2009年5月）
近藤絢子『就職氷河期世代――データで読み解く所得・家族・格差』（中公新書、2024年10月）
赤木智弘「排除され続けた就職氷河期世代――そして至った必然」（『現代思想』2022年12月）

第4章

今村夏子『こちらあみ子』（ちくま文庫、2014年6月）
豊﨑由美『正直書評。』（Gakken、2008年10月）
保坂和志『小説の自由』（中公文庫、2010年5月）
H・R・ヤウス、轡田収・訳『挑発としての文学史』（岩波現代文庫、2001年6月）
千葉雅也「文学が契約書になり、契約書が文学になる」（『文學界』2019年9月）
森毅『数学受験術指南』（中公文庫、2012年9月）
新井紀子『AI vs 教科書の読めない子どもたち』（東洋経済新報

社、2018年2月）
石井光太『ルポ　誰が国語力を殺すのか』（文藝春秋、2022年7月）
野尻英一・高瀬堅吉・松本卓也『〈自閉症学〉のすすめ――オーティズム・スタディーズの時代』（ミネルヴァ書房、2019年4月）
姫野桂『私たちは生きづらさを抱えている』（イースト・プレス、2018年5月）
柴崎友香『あらゆることは今起こる』（医学書院、2024年5月）
瀧井朝世「あみ子の世界がふたたび」（『webちくま』2014年7月1日）https://www.webchikuma.jp/articles/-/845

第5章

中村光夫『風俗小説論』（講談社文芸文庫、2011年11月）
中村光夫『日本の近代小説』（岩波新書、1954年9月）
中村光夫『日本の現代小説』（岩波新書、1968年4月）
大東和重『文学の誕生――藤村から漱石へ』（講談社選書メチエ、2006年12月）
柄谷行人『日本近代文学の起源』（講談社文芸文庫、1988年6月）
蓮實重彥『夏目漱石論』（前掲）
絓秀実『JUNKの逆襲』（作品社、2003年12月）
鈴木貞美『日本の「文学」を考える』（角川選書、1994年11月）
絓秀実『文芸時評というモード――最後の／最初の闘い』（集英社、1993年8月）
上野千鶴子・小倉千可子・富岡多恵子『男流文学論』（ちくま文庫、1997年9月）
磯田光一『戦後史の空間』（新潮文庫、2000年8月）
磯田光一『左翼がサヨクになるとき――ある時代の精神史』（集英社、1986年11月）
石川忠司『現代小説のレッスン』（講談社現代新書、2005年6月）
仲俣暁生『ポスト・ムラカミの日本文学』（朝日出版社、2002年6月）
尾崎真理子『現代日本の小説』（ちくまプリマー新書、2007年11月）
佐々木敦『ニッポンの文学』（講談社現代新書、2016年2月）
大塚英志『サブカルチャー文学論』（朝日文庫、2007年2月）
矢野利裕「新感覚系とプロレタリア文学の現代――平成文学史序説」（『すばる』2017年2月）
平野謙『昭和文学史』（筑摩叢書、1985年5月）
福嶋亮大『らせん状想像力――平成デモクラシー文学論』（新潮社、2020年9月）
中沢忠之「純文学再設定＋　脱（二十世紀日本）文学史試論　第二回」（『文学＋02』2020年3月）
大石將朝「［座談会レジュメ］明治文学史の再構築に向けて」（『文学＋02』前掲）
斎藤美奈子『日本の同時代小説』（岩波新書、2018年11月）
與那覇潤『歴史なき時代に――私たちが失ったもの 取り戻すもの』（朝日新書、2021年6月）

『藤村全集　第13巻』（筑摩書房、１９６７年９月）
『吉田精一著作集　第６巻』（桜楓社、１９８１年７月）
坪内逍遥『当世書生気質』（岩波文庫、２００６年４月）
由良君美『椿説泰西浪曼派文学談義』（平凡社ライブラリ、２０１２年７月）
『日本近代文学大系 第60巻』（角川書店、１９７１年８月）
Genaktion『インディラップ・アーカイヴ　もうひとつのヒップホップ史：1991–2020』（DU BOOKS、２０２０年11月）

第６章

ベネディクト・アンダーソン、白石隆・白石さや訳『定本 想像の共同体――ナショナリズムの起源と歴史』（書籍工房早山、２００７年７月）
イ・ヨンスク『「国語」という思想――近代日本の言語認識』（岩波現代文庫、２０１２年２月）
安田敏朗『「国語」の近代史――帝国日本と国語学者たち』（中公新書、２００６年12月）
姜尚中『ナショナリズム』（岩波書店、２００１年10月）
萱野稔人『新・現代思想講義　ナショナリズムは悪なのか』（NHK出版新書、２０１１年10月）
西加奈子『i』（ポプラ文庫、２０１９年11月）
林晟一『在日韓国人になる――移民国家ニッポン練習記』（CCCメディアハウス、２０２２年12月）
温又柔『「国語」から旅立って』（新曜社、２０１９年５月）
ハンナ・アレント、志水速雄訳『人間の条件』（ちくま学芸文庫、１９９４年10月）
大谷能生『〈ツイッター〉にとって美とはなにか――SNS以後に「書く」ということ』（フィルムアート社、２０２３年11月）
大谷能生『歌というフィクション』（月曜社、２０２３年４月）

あとがき

温又柔『真ん中の子どもたち』（集英社、２０１７年７月）
西加奈子『円卓』（文春文庫、２０１３年10月）
青木淳悟『私のいない高校』（講談社、２０１６年６月）
青木淳悟『学校の近くの家』（新潮社、２０１５年12月）

矢野利裕（やの・としひろ）

1983年、東京都生まれ。国語教員として中高一貫校に勤務するかたわら、文芸・音楽を中心に批評活動をおこなっている。2014年「自分ならざる者を精一杯に生きる――町田康論」で第57回群像新人文学賞評論部門優秀作受賞。著書に『学校するからだ』（晶文社）、『今日よりもマシな明日 文学芸能論』（講談社）、『コミックソングがJ-POPを作った』（P-VINE）、『ジャニーズと日本』（講談社現代新書）などがある。

「国語」と出会いなおす

2025年4月30日　初版発行
2025年7月30日　第3刷

著者――――矢野利裕

編集――――沼倉康介
発行者――――上原哲郎
発行所――――株式会社 フィルムアート社
〒150-0022
東京都渋谷区恵比寿南1-20-6　プレファス恵比寿南
tel 03-5725-2001　fax 03-5725-2626
https://www.filmart.co.jp/
装丁――――加藤賢策（LABORATORIES）
装画――――ZUCK
印刷・製本――――シナノ印刷株式会社

ISBN978-4-8459-2425-7　C0095